Cyfnod Allweddol Datblygu Rhifedd

# MESURAU, SIÂP A GOFOD

GWEITHGAREDDAU I DDYSGU RHIFEDD

# blwyddyn

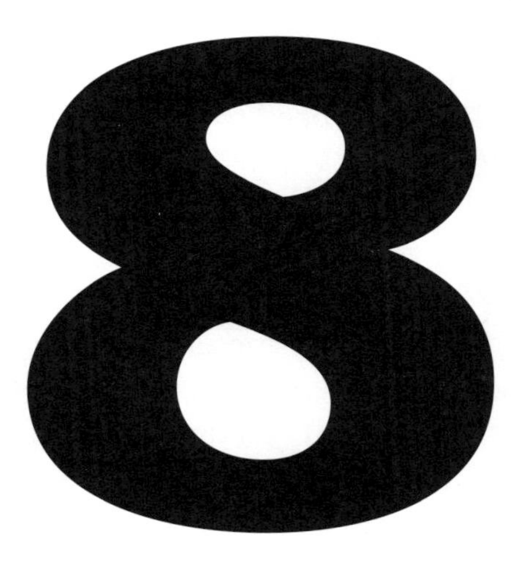

**Hilary Koll a Steve Mills**

# Cynnwys

## Cyflwyniad 4–7

Gwaith pen a llafar cychwynnol ar gyfer y dosbarth cyfan 5

Nodiadau i athrawon 6–7

## Rhesymu geometregol: llinellau, onglau a siapiau

| | | |
|---|---|---|
| Beth yw'r ongl? | Defnyddio confensiynau geirfa, nodiant a labelu; deall prawf bod cyfanswm onglau pedrochr yn 360°; cyfrifo onglau mewnol ac allanol trionglau a phedrochrau | 8–9 |
| Gweithredu gydag onglau | Adnabod onglau eiledol ac onglau cyfatebol; deall prawf bod ongl allanol triongl yn hafal i gyfanswm y ddwy ongl fewnol gyferbyn | 10–11 |
| Treialon trionglau | Datrys problemau geometregol gan ddefnyddio nodweddion ochrau ac onglau trionglau hafalochrog, isosgeles ac ongl sgwâr, gan egluro'r ymresymu gyda diagramau a thestun | 12–13 |
| Ar drywydd pedrochrau! | Datrys problemau geometregol gan ddefnyddio nodweddion ochrau ac onglau pedrochrau arbennig, gan egluro'r ymresymu; dosbarthu pedrochrau | 14–15 |
| Delweddau yn dy ben! | Delweddu a braslunio siapiau 2-D; datrys problemau geometregol gan ddefnyddio nodweddion ochrau ac onglau | 16–17 |
| Siapiau tebyg iawn | Gwybod, os yw dau siâp 2-D yn gyfath, bod yr ochrau a'r onglau cyfatebol yn hafal | 18–19 |
| Ffeithiau am giwboidau | Gwybod a defnyddio nodweddion geometregol ciwboidau a siapiau a wnaed o giwboidau | 20–21 |
| Golwg ar giwbiau | Gwybod a defnyddio nodweddion geometregol ciwboidau a siapiau a wnaed o giwboidau; dechrau defnyddio uwcholygon a golygon | 22–23 |

## Trawsffurfiadau

| | | |
|---|---|---|
| Trawsfudo | Trawsffurfio siapiau 2-D drwy ddefnyddio trawsfudiadau syml | 24–25 |
| Cymesuredd | Adnabod holl gymesureddau siapiau 2-D | 26–27 |
| Troelli a throelli | Trawsffurfio siapiau 2-D drwy ddefnyddio cylchdroeon syml; adnabod holl gymesureddau siapiau 2-D | 28–29 |
| Trawsffurfio | Trawsffurfio siapiau 2-D drwy ddefnyddio cyfuniadau syml o gylchdroeon, adlewyrchiadau a thrawsfudiadau | 30–31 |
| Helaethu trionglau | Deall a defnyddio iaith a nodiant sy'n gysylltiedig â helaethiad; helaethu siapiau 2-D, o wybod canol helaethiad a ffactor graddfa cyfanrifol positif | 32–33 |
| Archwilio helaethiadau | Helaethu siapiau 2-D, o wybod canol helaethiad a ffactor graddfa cyfanrifol positif; archwilio helaethiad | 34–35 |
| Gwneud pethau'n llai | Gwneud lluniadau wrth raddfa syml | 36–37 |

## Cyfesurynnau

| | | |
|---|---|---|
| Canolbwyntio! | O wybod cyfesurynnau pwyntiau A a B, darganfod canolbwynt segment llinell AB | 38–39 |

## Lluniadau a locysau



## Mesurau a mesureg



## Atebion 


*Y fersiwn Saesneg gwreiddiol:*
Key Stage 3 Developing Numeracy Measures, Shape and Space Year 8

Cyhoeddwyd gan A & C Black Publishers Ltd, 38 Soho Square, Llundain, W1D 3HB
*Testun* © Hilary Koll a Steve Mills, 2004
*Darluniau* © Jean de Lemos, 2004
*Darluniau'r clawr* © Paul Cemmick, 2004
*Golygwyd gan:* Lynne Williamson a Marie Lister





Cyhoeddwyd gan Y Ganolfan Astudiaethau Addysg (CAA), Prifysgol Aberystwyth, Yr Hen Goleg, Aberystwyth, SY23 2AX (http://www.caa.aber.ac.uk).
Noddwyd gan Lywodraeth Cynulliad Cymru.





*Cyfieithydd:* Ffion Kervegant
*Golygydd:* Lynwen Rees Jones
*Dylunydd:* Owain Hammonds
*Argraffwyr:* Gwasg Gomer, Llandysul

Diolch i Esther Humphreys ac Arwyn F Jones am eu cymorth wrth brawfddarllen.

**ISBN: 978-1-84521-221-6**

# Cyflwyniad

Cyfres o adnoddau y gellir eu llungopïo ar gyfer Blynyddoedd 7, 8 a 9 yw Cyfnod Allweddol 3 **Datblygu Rhifedd: Mesurau, Siâp a Gofod**, a gynlluniwyd i'w defnyddio yn ystod gwersi mathemateg. Mae'r llyfrau yn canolbwyntio ar linyn Siâp, Gofod a Mesurau *Fframwaith dysgu mathemateg* Strategaeth Genedlaethol Cyfnod Allweddol 3.

Mae pob llyfr yn ategu dysgu mathemateg drwy ddarparu cyfres o weithgareddau sy'n datblygu sgiliau hanfodol rhifedd. Nod y gweithgareddau yw atgyfnerthu dysgu a datblygu'r sgiliau a'r ddealltwriaeth sy'n cael eu harchwilio yn ystod dysgu dosbarth cyfan. Mae pob tasg yn gyfle i ymarfer ac atgyfnerthu nod sydd yn y ddogfen fframwaith. Ar y cyfan, mae'r gweithgareddau wedi eu cynllunio fel y gall y disgyblion weithio arnynt yn annibynnol, naill ai ar eu pennau eu hunain neu mewn parau, er, efallai, y bydd ar rai disgyblion angen cymorth o bryd i'w gilydd.

Mae'r gweithgareddau yn **Mesurau, Siâp a Gofod Blwyddyn 8** yn ymwneud â'r pynciau canlynol:

- rhesymu geometregol: llinellau, onglau a siapiau;
- trawsffurfiadau;
- cyfesurynnau;
- lluniadu a locysau;
- mesurau a mesureg.

## Defnyddio'r llyfr hwn

Mae pob taeniad dwbl yn seiliedig ar nod Blwyddyn 8. Mae'r pwnc dan sylw wedi ei rannu'n dair prif adran sydd wedi eu labelu'n A, B ac C, ac mae'n gorffen â sialens (**Rhowch gynnig arni!**). Mae'r gwaith yn mynd yn fwy anodd o A i C, ac mae'r sialens 'Rhowch gynnig arni!' yn atgyfnerthu ac yn estyn yr hyn y mae'r disgyblion yn ei ddysgu. Mae'r gweithgareddau yn gyfle i'r athro/athrawes asesu'n anffurfiol: er enghraifft, gwirio bod y disgyblion yn datblygu strategaethau pen, eu bod wedi deall y prif bwyntiau dysgu, neu ddarganfod a ydynt wedi camddeall unrhyw beth.

Gellir defnyddio'r strwythur tudalen ddwbl hwn mewn amrywiaeth o ffyrdd: er enghraifft, yn dilyn cyfnod o addysgu dosbarth cyfan gall y disgyblion ddechrau gweithio drwy'r ddwy daflen ac yn raddol byddant yn dod ar draws cwestiynau mwy cymhleth, neu gall yr athro/athrawes ddewis y mannau cychwyn mwyaf priodol i bob grŵp yn y dosbarth, gyda rhai disgyblion yn dechrau yn A ac eraill yn B neu C. Mae hyn yn gwneud gwahaniaethu yn bosibl mewn grwpiau gallu cymysg. Mae 'Rhowch gynnig arni!' yn rhoi mwy o her i ddisgyblion mwy galluog. Gall hyn gynnwys cysyniadau a sgiliau 'Defnyddio a Chymhwyso', a rhoi cyfle i drafod yn y dosbarth. Pan fo hynny'n briodol, gellir gofyn i'r disgyblion gwblhau tasgau yn waith cartref.

Cyflwynir y cyfarwyddiadau yn eglur fel y gall y disgyblion weithio'n annibynnol. Hefyd ceir cyfleoedd i'r disgyblion weithio mewn parau a grwpiau i annog trafodaeth a chydweithio. Mae eicon cyfrifiannell yn nodi'r rhannau hynny o'r gweithgareddau lle bydd angen i'r disgyblion ddefnyddio cyfrifianellau. Pan na cheir eicon, gall yr athro/athrawes neu'r disgyblion ddewis defnyddio cyfrifiannell neu beidio. Ceir nodiadau cryno ar waelod pob tudalen i gynorthwyo'r disgybl neu'r cynorthwy-ydd dosbarth, neu riant os defnyddir y taflenni yn waith cartref. Cofiwch atgoffa'r disgyblion y dylent ddarllen y cyfarwyddiadau hyn cyn dechrau ar y gweithgaredd.

Mewn rhai achosion, bydd angen i'r disgyblion gofnodi eu gwaith cyfrifo ar ddarn arall o bapur, ac awgrymir bod y rhain yn cael eu cyflwyno gyda'r taflenni gweithgareddau. Bydd angen i'r disgyblion hefyd gofnodi eu hatebion i rywfaint o'r sialensiau 'Rhowch gynnig arni!' ar ddarn arall o bapur.

## Trefnu

Ychydig iawn o offer fydd ei angen, ac eithrio prennau mesur, pensiliau a blaen da arnynt, onglyddion, cwmpas a chyfrifianellau. Bydd hefyd angen papur sgwariau, papur isometrig, cerdyn tenau, papur dargopïo, siswrn a glud i wneud rhai o'r gweithgareddau.

Er mwyn helpu athrawon i ddewis profiadau dysgu addas i ddisgyblion, mae'r gweithgareddau yn cael eu grwpio yn adrannau o fewn y llyfr, i gyd-fynd â'r nodau yn *Rhaglenni dysgu blynyddol* Strategaeth Genedlaethol Cyfnod Allweddol 3. Fodd bynnag, nid oes rhaid defnyddio'r gweithgareddau yn y drefn a roddir. Bwriedir y taflenni i gynorthwyo, yn hytrach nac i gyfeirio, gwaith cynllunio'r athro/athrawes.

Gellir gwneud rhai gweithgareddau yn haws neu gellir cyflwyno mwy o her drwy guddio neu amnewid rhai o'r rhifau. Efallai yr hoffech ailddefnyddio rhai o'r tudalennau drwy eu copïo ar gerdyn a'u laminiadu, neu eu chwyddo ar bapur A3. Gellid hefyd eu gwneud yn dryloywderau i'w defnyddio gyda'r dosbarth cyfan.

## Nodiadau i athrawon

Ceir mwy o nodiadau cryno ar gyfer taflenni penodol. Mae'r rhain yn cynnwys cyfarwyddiadau arbennig neu bwyntiau i'w codi yn ystod rhan gyntaf y wers (gweler tudalennau 6-7).

# Gwaith pen a llafar cychwynnol ar gyfer y dosbarth cyfan

Mae'r gweithgareddau canlynol yn cynnwys syniadau ymarferol i ategu prif gyfnod addysgu'r wers, a gellid defnyddio'r rhain cyn i'r disgyblion ddechrau defnyddio'r taflenni gweithgareddau.

## Rhesymu geometregol: llinellau, onglau a siapiau

### Gêm y pedrochr

Lluniwch bedrochr ar ddarn o bapur (er enghraifft, rhombws nad yw'n sgwâr) a pheidiwch â'i ddangos i'r dosbarth. Disgrifiwch y pedrochr i'r dosbarth, a hynny yn nhermau ei nodweddion cymesurol *yn unig* (cymesuredd adlewyrchiad a chymesuredd cylchdro) a maint bras ei bedair ongl fewnol. Gofynnwch i'r disgyblion ddefnyddio'r wybodaeth hon i fraslunio'r pedrochr. Trafodwch a oes digon o wybodaeth yn cael ei rhoi fel bod pawb wedi llunio'r un siâp yn union, a phrofwch bosibiliadau eraill. Gwnewch yr un peth gyda phedrochrau eraill i weld a yw'n bosibl darganfod unrhyw ddau bedrochr gwahanol a chanddynt yr un cymesureddau ac onglau mewnol ond nad ydynt yn siapiau cyflun.

## Trawsffurfiadau

### Helaethu a lleihau

Yma gallwch helaethu neu leihau siâp ar lungopïwr er mwyn cael tri maint gwahanol. Rhowch ddot ar ochr chwith y bwrdd gwyn a gosodwch y siâp lleiaf yn agos ato. Eglurwch fod y dot yn ganol helaethiad a bod y siâp yn mynd i gael ei helaethu. Gofynnwch i ddisgybl ddod i flaen y dosbarth i osod un o'r siapiau mwy yn y lleoliad cywir i ddangos sut y mae'r siâp lleiaf wedi cael ei helaethu o'r canol helaethiad. Trafodwch sut i dynnu llinellau o'r canol helaethiad i bob un o'r fertigau, a hefyd y berthynas rhwng hydoedd y llinellau hyn. Gofynnwch i ddisgybl osod y siâp arall yn yr un ffordd. Yna gwnewch y gweithgaredd unwaith eto, a'r tro hwn dechreuwch â'r siâp mwyaf ar ochr gyferbyn y canol helaethiad, a gofynnwch i'r disgyblion ddangos sut y mae'n lleihau.

## Cyfesurynnau

### Bingo pedrannau

Gofynnwch i'r disgyblion lunio grid cyfesurynnol $6 \times 6$ ar bapur sgwariau, a labelu'r echelinau o $^{-}3$ i 3. Dylai pob disgybl farcio saith pwynt ar y grid â chroesau, gan ofalu bod gan bob pwynt gyfesurynnau rhif cyfan. Meddyliwch am barau o gyfesurynnau a'u dweud yn uchel; os bydd croes unrhyw un o'r disgyblion yn cael ei 'tharo' dylai roi cylch o'i chwmpas. Y chwaraewr olaf sydd â chroes heb ei tharo yw'r enillydd. Gofalwch gadw cofnod o'r cyfesurynnau fel y gallwch wirio grid yr enillydd. Anogwch y disgyblion i osod croesau ar yr echelinau $x$ ac $y$ fel arall efallai na fyddent yn meddwl gwneud hyn).

### Gêm canolbwynt

Gofynnwch i'r disgyblion ysgrifennu pum pâr o gyfesurynnau gan ddefnyddio'r cyfanrifau $^{-}2$ i 2, er enghraifft (2, $^{-}1$) (0, $^{-}2$) (0, 0). Eglurwch eich bod yn mynd i alw dau bâr o gyfesurynnau ac y dylai'r disgyblion ddarganfod y canolbwynt rhyngddynt. Mae'r disgyblion yn sgorio pwynt os ydynt wedi rhestru hyn fel un o'u parau o gyfesurynnau. Yr enillydd yw'r cyntaf i sgorio 5 pwynt. Mae'n ddefnyddiol llunio grid cyfesurynnau ar y bwrdd gwyn a dangos sut i ddarganfod canolbwyntiau. Pan ydych yn galw'r ddau bâr o gyfesurynnau, sicrhewch fod y ddau gyfesuryn $x$ yn eilrifol (neu'n sero) neu fod y ddau yn odrifau: er enghraifft, (3, …) a ($^{-}1$, …). Dylent fod bob ochr i sero a dylent gynnwys rhifau rhwng 5 a $^{-}5$. Mae'n rhaid i'r un peth fod yn wir yn achos y cyfesurynnau $y$: er enghraifft, (…, $^{-}4$) a (…, 2).

## Lluniadau a locysau

### Cynllun tref

Lluniwch fraslun syml o dref ar y bwrdd gwyn gyda nifer o adeiladau neu dirnodau, gan ddangos sgwâr 2 km er enghraifft. Dylech gynnwys system ffordd neu afon ar ffurf Y a nodweddion megis ysbyty, llyn, gorsaf dân ac ysgol. Darllenwch gyfarwyddiadau locysau yn uchel a gofynnwch i ddisgyblion ddod i flaen y dosbarth a marcio lle dylai nodweddion neu lwybrau arbennig fod wedi eu lleoli. Gallai cyfarwyddiadau locysau gynnwys y canlynol:

*Mae gorsaf ambiwlans yn mynd i gael ei hadeiladu mewn pwynt sydd yr un pellter o'r ysbyty ag o'r ysgol.*

*Mae ffordd newydd yn mynd i gael ei hadeiladu. Bydd hon union hanner ffordd rhwng y ddwy ffordd bresennol.*

*Mae llwybr yn mynd i gael ei adeiladu $\frac{1}{2}$ km yn union o'r llyn.*

## Mesurau a mesureg

### Cyfeiriannau ystafell ddosbarth

Gofynnwch i'r disgyblion wynebu'r bwrdd gwyn. Dywedwch wrthynt mai dyma'r Gogledd. Eglurwch eich bod yn mynd i roi cyfeiriant iddynt a'ch bod yn mynd i ofyn i un ohonynt pa wrthrych yn yr ystafell ddosbarth sydd â'r cyfeiriant hwnnw. Gofalwch eu bod yn sylweddoli y bydd atebion disgyblion mewn gwahanol leoliadau yn y dosbarth yn wahanol yn achos yr un cyfeiriant. Yna dewiswch wrthrych penodol a gofynnwch i bob disgybl ddweud beth yw cyfeiriant y gwrthrych hwnnw oddi wrtho/wrthi. Gweithgaredd arall defnyddiol yw gofyn i ddau ddisgybl sydd yn eistedd ddweud beth yw cyfeiriant y naill oddi wrth y llall (ac i'r gwrthwyneb): er enghraifft, *mae Aled yn 060° o Ben. Mae Ben yn 240° o Aled.*

# Nodiadau i athrawon

## Rhesymu geometregol: llinellau, onglau a siapiau

### Tudalennau 8 a 9

Dechreuwch ran gyntaf y wers drwy gyflwyno'r termau mathemategol canlynol: onglau mewnol, onglau allanol, onglau atodol (onglau sy'n rhoi cyfanswm o 180°) ac onglau cyflenwol (onglau sy'n rhoi cyfanswm o 90°). Lluniwch amrywiaeth o siapiau ar y bwrdd gwyn a gofynnwch i'r disgyblion adnabod onglau mewnol ac allanol, a dweud pa rai sy'n onglau atodol. Yn rhan C, sicrhewch fod y disgyblion yn sylwi bod ongl allanol triongl yn gyfanswm dwy ongl fewnol gyferbyn y triongl. Dylech eu hannog i egluro beth yw'r rheswm am hyn.

### Tudalennau 10 ac 11

Adolygwch onglau sy'n cael eu creu gan setiau o linellau paralel, perpendicwlar a llinellau croestoriadol drwy dynnu a labelu llinellau a llawer o onglau ar y bwrdd gwyn. Gofynnwch i'r disgyblion nodi onglau eraill y gellir eu darganfod o'r wybodaeth a roddir. Yn rhan A, rhowch ddarnau o bapur dargopïo neu asetadau i'r disgyblion a phen addas er mwyn iddynt allu gwirio pa onglau sy'n hafal. Bydd hyn yn eu helpu i ddeall a chofio rheolau fel y rhai sy'n gysylltiedig ag onglau eiledol a chyfatebol. Yn rhan B, sicrhewch fod y disgyblion yn sylwi ar y ffaith bod ongl allanol triongl yn gyfanswm dwy ongl fewnol gyferbyn y triongl. Dylech eu hannog i egluro beth yw'r rheswm am hyn.

### Tudalennau 12 ac 13

Cyn cychwyn y gweithgaredd hwn, efallai y byddai'n ddefnyddiol adolygu diffiniadau a nodweddion trionglau, ac ystyr y term 'cyfath'.

### Tudalennau 14 ac 15

Trafodwch y ffaith y gellir defnyddio mwy nag un enw i ddisgrifio pedrochrau: er enghraifft, mae sgwâr yn betryal (gan fod ganddo bedair ongl sgwâr), mae'n baralelogram (gan fod ganddo ddau bâr o ochrau paralel) a hefyd mae'n bedrochr (gan fod ganddo bedair ochr syth). Dylech atgoffa'r disgyblion y dylent ei alw'n sgwâr gan mai hwn yw'r disgrifiad mwyaf cywir.

### Tudalennau 16 ac 17

Mae'r tudalennau hyn yn rhoi cyfleoedd i'r disgyblion ddelweddu siapiau 2-D. Bydd arnynt angen papur dargopïo i wirio eu hatebion yn rhan A. Dechreuwch y wers drwy ddisgrifio siapiau i'r disgyblion fel y gallant eu delweddu: er enghraifft, hecsagon rheolaidd wedi ei blygu yn ei hanner yn groeslinol. Anogwch y disgyblion i beidio â thynnu llun y siâp; yn hytrach gofynnwch iddynt lunio delwedd o'r siâp yn eu pennau. Gellir gofyn mwy o gwestiynau am enw'r siâp a ddelweddir, ei gymesureddau, ei groesliniau a'i onglau.

### Tudalennau 18 ac 19

Yn rhan A, dylech ddarparu darnau o bapur dargopïo neu asetadau a phen addas. Gall y gweithgaredd hwn helpu'r disgyblion i sylweddoli, os yw siâp yn gyfath ag un arall, bod yn rhaid i hyd pob ochr gyfatebol a maint pob ongl gyfatebol fod yr un fath. Nid yw cyfeiriadedd y siapiau yn bwysig. Gofalwch nad yw'r disgyblion yn gwneud y camgymeriad o feddwl os yw onglau triongl yn 30°, 60° a 90° ac os yw un o'i ochrau yn 7 cm, y bydd o reidrwydd yn gyfath â thriongl arall ag onglau 30°, 60°, a 90° ac ochr 7 cm. Dangoswch, os yw'r ochr 7 cm yn cysylltu'r onglau 30° a 60°, *na* fydd y triongl yn gyfath â thriongl lle mae'r ochr 7 cm yn cysylltu'r onglau 30° a 90°. Trafodwch y ffaith y byddai'r ddau driongl yn gyflun, ond nid yn gyfath.

### Tudalennau 20 a 21

Yn rhannau A a B, efallai y bydd rhai disgyblion yn ei gweld yn ddefnyddiol dal ciwb a'i farcio mewn rhyw ffordd (er enghraifft drwy ddefnyddio pennau ffelt neu sticeri). Bydd angen dau ddis ar bob disgybl neu ar bob pâr o ddisgyblion ar gyfer y sialens 'Rhowch gynnig arni!'.

### Tudalennau 22 a 23

Bydd angen ciwbiau sy'n cyd-gloi o wahanol liwiau ar y disgyblion i'w cynorthwyo i wneud y gweithgaredd hwn. Bydd arnynt angen papur isometrig hefyd i wneud rhan B, pensiliau lliw i wneud rhan C, a phapur sgwariau ac isometrig i wneud y sialens 'Rhowch gynnig arni!'.

## Trawsffurfiadau

### Tudalennau 24 a 25

Cyflwynwch y nodiant ar gyfer trawsfudiadau: er enghraifft, (2, ⁻3). Eglurwch nad yw hyn yn bâr o gyfesurynnau wrth gyfeirio at drawsfudiadau; mae'n dweud wrthych sawl uned ar draws ac i fyny/i lawr mae angen symud pob un o fertigau'r siâp. Dangoswch fod gwerthoedd positif yn golygu symud i'r dde neu i fyny, a bod gwerthoedd negatif yn golygu symud i'r chwith neu i lawr. Felly, mae'r trawsfudiad (2, ⁻3) yn golygu symud 2 uned i'r dde a 3 uned i lawr. Rhowch amryw o drawsfudiadau yn y ffurf hon a gofynnwch i'r disgyblion roi pob trawsfudiad mewn geiriau. Yn rhan C, bydd angen cerdyn, papur dargopïo, siswrn a thâp gludiog ar y disgyblion.

### Tudalennau 28 a 29

Efallai y bydd rhai disgyblion yn ei gweld yn ddefnyddiol gwirio eu hatebion drwy ddefnyddio papur dargopïo.

**Tudalennau 30 a 31**

Trafodwch y ffaith y gall trawsffurfio siâp mewn gwahanol ffyrdd greu'r un ddelwedd: er enghraifft, mae cylchdro clocwedd drwy 90° yr un fath â chylchdro gwrthglocwedd drwy 270°; weithiau gall trawsfudiad wedi ei ddilyn gan adlewyrchiad fod yr un fath â'r adlewyrchiad wedi ei ddilyn gan y trawsfudiad.

**Tudalennau 32–35**

Dangoswch sut i helaethu siâp o bwynt. Tynnwch linellau o bob un o fertigau'r siâp i'r canol helaethiad ac yna mesurwch bob llinell. Dylid estyn y llinellau ddwywaith eu hyd os yw'r ffactor graddfa yn 2, derigwaith eu hyd os yw'r ffactor graddfa yn 3, ac yn y blaen. Pwysleisiwch y ffaith y dylai helaethiad o siâp edrych yr un fath â'r siâp gwreiddiol, ond yn fwy. Bydd angen papur sgwariau ar y disgyblion i wneud rhan A ar dudalen 34.

**Tudalennau 36 a 37**

Cyn i'r disgyblion fynd i'r afael â'r tudalennau hyn, adolygwch broblemau syml sy'n seiliedig ar luniadau wrth raddfa. Ysgrifennwch raddfa ar y bwrdd gwyn, megis 10 cm : 1 km. Dywedwch beth yw rhai mesuriadau ar fap a gofynnwch i'r disgyblion roi'r gwir bellteroedd (er enghraifft, mae 20 cm yn cynrychioli 2 km, mae 35 cm yn cynrychioli 3.5 km). Yna rhowch y gwir bellteroedd a gofyn i'r disgyblion beth fyddai hyd y rhain ar y map (er enghraifft, mae 0.8 km yn cael ei gynrychioli gan 8 cm ar y map).

## Cyfesurynnau

**Tudalennau 38 a 39**

Yn ystod rhan gyntaf y wers, adolygwch gyfesurynnau ym mhob un o'r pedwar pedrant a thrafodwch ymadroddion a fydd yn helpu'r disgyblion i gofio parau o gyfesurynnau: er enghraifft, *Ar hyd y coridor ac i fyny neu i lawr y grisiau.*

## Lluniadau a locysau

**Tudalennau 40–45**

Bydd angen enghreifftiau manwl i ddangos y sgiliau a amlinellir ar y tudalennau hyn. Mae Strategaeth Genedlaethol Rhifedd yn egluro'r technegau hyn yn llawn ar dudalennau 221 a 223. Eglurwch fod defnyddio cwmpas yn gywir yn sicrhau lluniad manylach o lawer yn achos canolbwyntiau a llinellau perpendicwlar. Pwysleisiwch fod pren mesur yn cael ei ddefnyddio yn bennaf i dynnu llinellau syth. Bydd angen cerdyn tenau, siswrn a glud ar y disgyblion i wneud y sialens 'Rhowch gynnig arni!' ar dudalen 45.

**Tudalennau 46 a 47**

Cyflwynwch locysau fel llwybrau syml gwrthrychau sy'n symud, a ddangosir â llinell ddotiau: er enghraifft, llwybr eich arddwrn wrth ichi rwbio rhywbeth oddi ar y bwrdd gwyn; llwybrau disgyblion wrth iddynt adael y gwasanaeth boreol.

## Mesurau a mesureg

**Tudalennau 48 a 49**

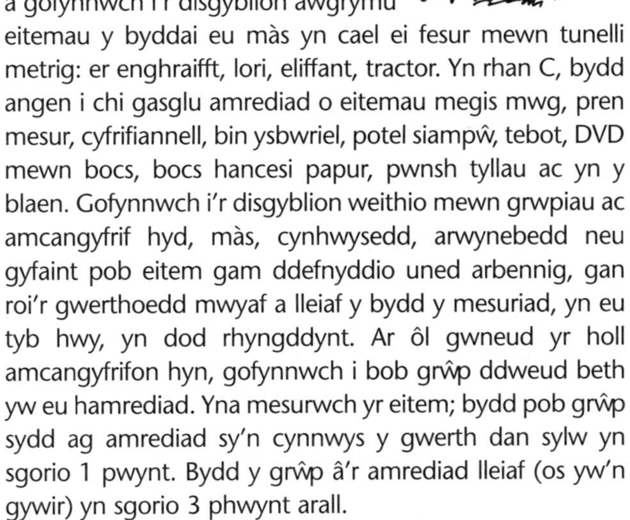


Adolygwch y termau 'cynhwysedd', 'màs', 'arwynebedd' a 'diamedr' a gofynnwch i'r disgyblion awgrymu unedau metrig posibl y gellid eu defnyddio i fesur pob un. Cyflwynwch yr uned 'tunnell fetrig' sy'n golygu 1000 kg, a gofynnwch i'r disgyblion awgrymu eitemau y byddai eu màs yn cael ei fesur mewn tunelli metrig: er enghraifft, lori, eliffant, tractor. Yn rhan C, bydd angen i chi gasglu amrediad o eitemau megis mwg, pren mesur, cyfrifiannell, bin ysbwriel, potel siampŵ, tebot, DVD mewn bocs, bocs hancesi papur, pwnsh tyllau ac yn y blaen. Gofynnwch i'r disgyblion weithio mewn grwpiau ac amcangyfrif hyd, màs, cynhwysedd, arwynebedd neu gyfaint pob eitem gam ddefnyddio uned arbennig, gan roi'r gwerthoedd mwyaf a lleiaf y bydd y mesuriad, yn eu tyb hwy, yn dod rhyngddynt. Ar ôl gwneud yr holl amcangyfrifon hyn, gofynnwch i bob grŵp ddweud beth yw eu hamrediad. Yna mesurwch yr eitem; bydd pob grŵp sydd ag amrediad sy'n cynnwys y gwerth dan sylw yn sgorio 1 pwynt. Bydd y grŵp â'r amrediad lleiaf (os yw'n gywir) yn sgorio 3 phwynt arall.

**Tudalennau 50 a 51**

Gofalwch fod y disgyblion yn sylweddoli mai brasamcanion yn unig yw trawsnewidiadau rhwng mesurau imperial a metrig.

**Tudalennau 52 a 53**

Mae'r tudalennau hyn yn cyflwyno pwnc cyfeiriannau yng nghyd-destun pobl yn troi yn yr unfan. Fel gweithgaredd cyflwyniadol, gofynnwch i'r disgyblion i gyd wynebu'r bwrdd gwyn. Rhowch gyfeiriant a gofynnwch i un disgybl yn yr ystafell nodi pa wrthrych yn yr ystafell sydd â'r cyfeiriant hwnnw. Trafodwch y bydd disgyblion mewn gwahanol leoliadau yn rhoi gwahanol atebion ar gyfer yr un cyfeiriant.

**Tudalennau 54 a 55**

Helpwch y disgyblion i sylweddoli ei bod yn bosibl darganfod arwynebedd y rhannau sydd wedi eu lliwio mewn siapiau mewn gwahanol fyrdd: er enghraifft, drwy ddarganfod arwynebedd y siâp cyfan a thynnu'r rhannau sydd heb eu lliwio. Bydd angen papur sgwariau ar y disgyblion i wneud y sialens 'Rhowch gynnig arni!'.

**Tudalennau 56 a 57**

Yn rhan A, bydd angen papur isometrig ar y disgyblion. Fel gweithgaredd pellach, dywedwch wrth y disgyblion fod 1 cm$^3$ o ddŵr yn gywerth ag 1 ml, a gofynnwch iddynt ddarganfod cynhwysedd pob un o'r bocsys neu'r siapiau cyfansawdd ar y tudalennau hyn (gan anwybyddu trwch ochrau'r cynwysyddion).

Defnyddio geirfa llinellau ac onglau, e.e. mewnol neu allanol

# Beth yw'r ongl?

1. Mae onglau mewnol y petryal yma wedi eu marcio'n **p**, **q**, **r** ac **s**.
Mae'r onglau allanol wedi eu marcio'n **t**, **u**, **v** ac **w**.
Llenwch yr onglau sydd ar goll yn y mynegiadau yma.

**(a)** p = 90°

**(b)** p + q + r + s = ______

**(c)** p + w = ______

**(ch)** t + q = ______

**(d)** u = ______

**(dd)** t + u = v + w = ______

2. Mae pâr o onglau atodol yn rhoi cyfanswm o 180°. Rhestrwch bedwar pâr o onglau atodol o'r petryal uchod.

Mae q a t yn onglau atodol | Mae ____ a ____ yn onglau atodol

Mae ____ a ____ yn onglau atodol | Mae ____ a ____ yn onglau atodol

3. Mae'r pedrochr yma wedi ei rannu'n ddau driongl.

**(a)** Defnyddiwch eich gwybodaeth am gyfanswm onglau mewnol **triongl** i ddarganfod cyfanswm onglau mewnol y pedrochr yma. Eglurwch i'ch partner sut rydych chi wedi cyfrifo hyn.

**(b)** A yw hyn yn wir yn achos pob pedrochr? ______

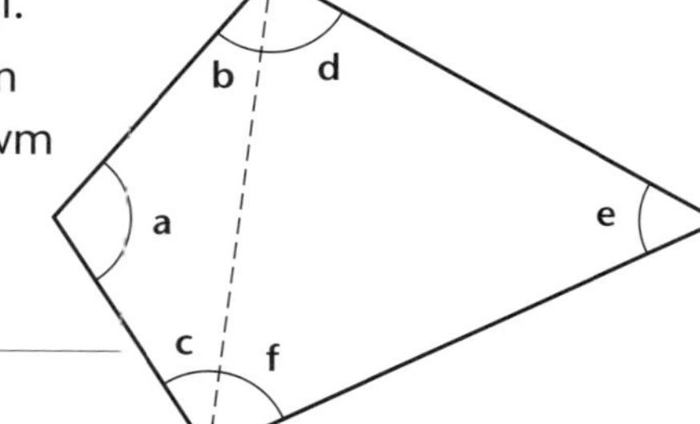

1. O edrych ar ΔABC nodwch ai ongl fewnol ynteu ongl allanol yw pob un o'r onglau canlynol.

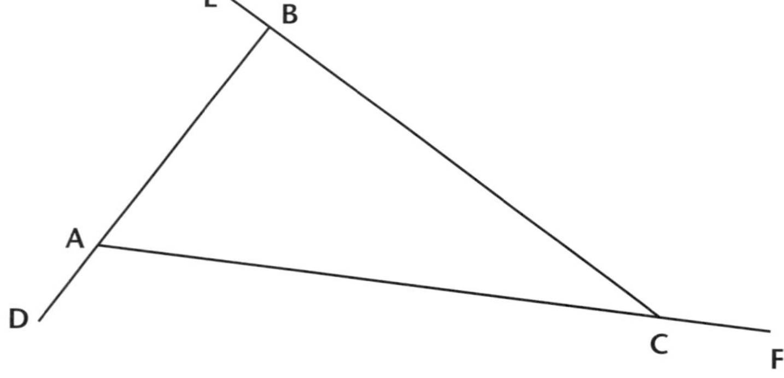


**(a)** ∠ABC mewnol

**(b)** ∠BCF ______

**(c)** ∠BAC ______

**(ch)** ∠DAC ______

**(d)** ∠BCA ______

**(dd)** ∠ABE ______

2. **(a)** Os yw ∠ABC yn 90°, sawl gradd yw ∠ABE? ______

**(b)** Os yw ∠BCA yn 30°, sawl gradd yw ∠BCF? ______

3. Defnyddiwch y wybodaeth uchod i ddarganfod maint:

**(a)** ∠CAB ______ **(b)** ∠CAD ______

Ongl **fewnol** yw ongl y tu mewn i siâp. Ongl **allanol** yw ongl sy'n cael ei ffurfio pan fydd un o ochrau'r siâp yn cael ei hestyn. Mae cyfanswm pâr o onglau **atodol** yn 180°. Cofiwch, mewn mynegiad fel ∠ABC, y llythyren ganol yw'r fertig lle mae'r ongl. ∠ABC yw'r ongl yn B sy'n cael ei ffurfio pan fydd llinell AB yn cyffwrdd llinell BC.

# Beth yw'r ongl?

Defnyddio geirfa llinellau ac onglau, e.e. mewnol neu allanol

**C**

**1.** Darganfyddwch yr onglau sydd ar goll.

Meddyliwch am gyfanswm onglau mewnol triongl a phedrochr. Hefyd, cofiwch beth yw cyfanswm onglau ar linell syth.

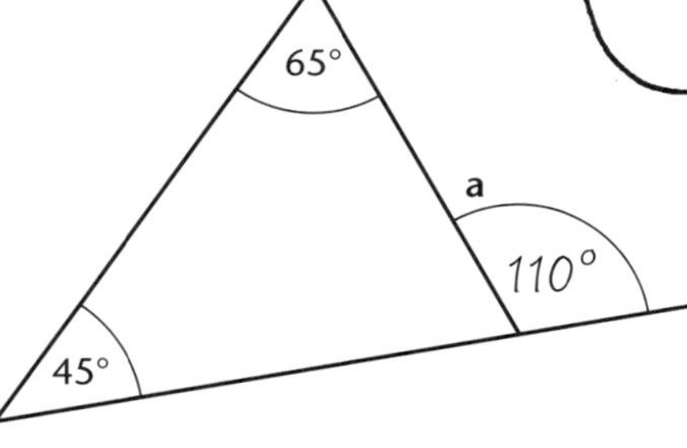


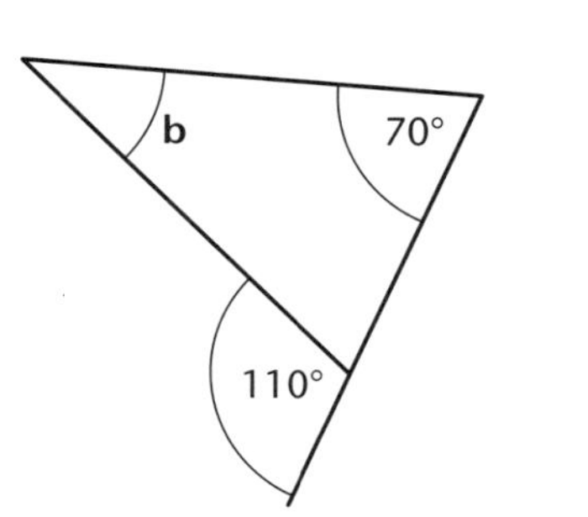


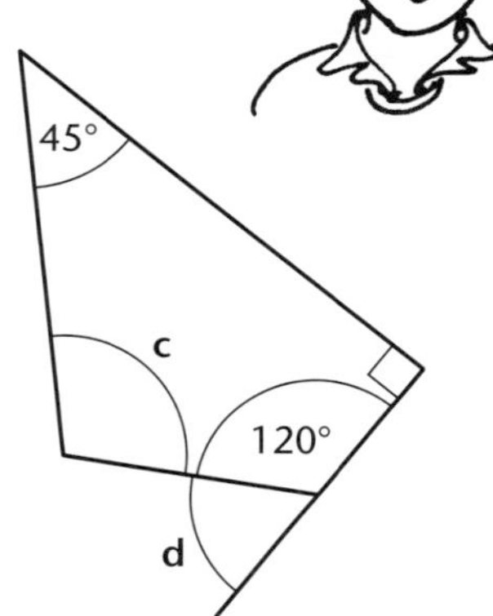


115°
f
e
145°

135°
h
g

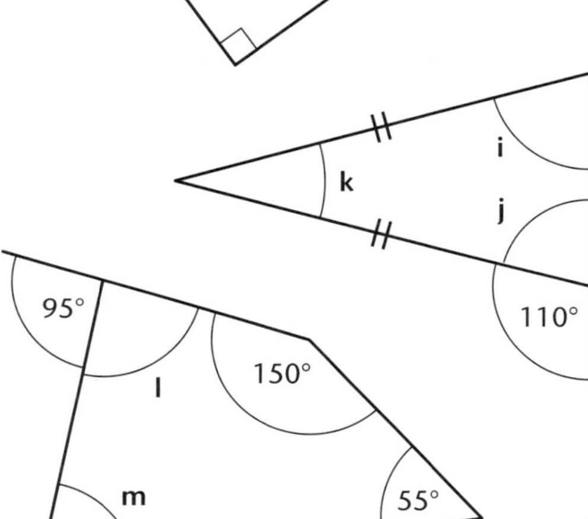


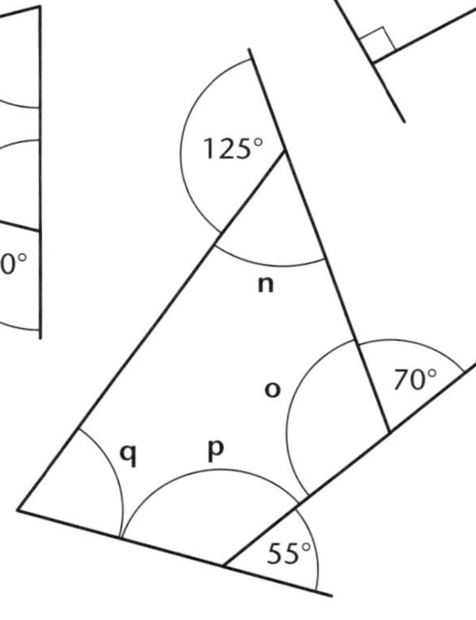


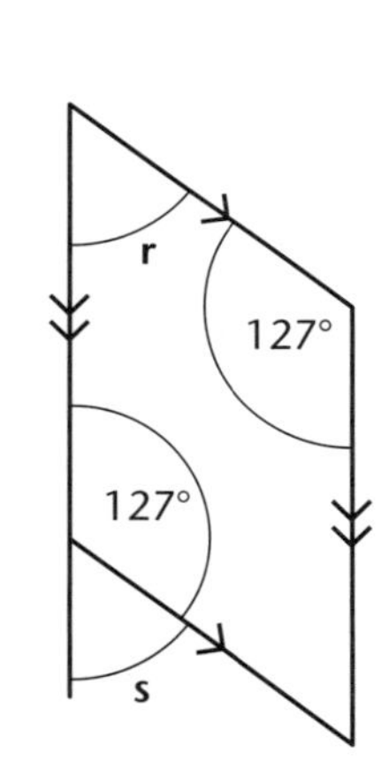


**2.** Labelwch yr onglau sydd ar goll yma.

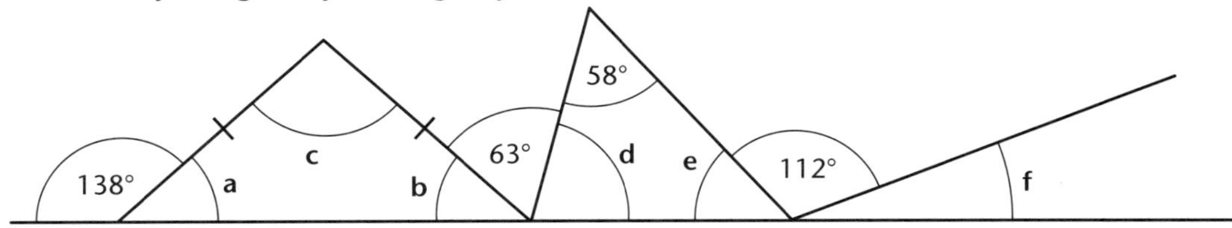


**RHOWCH GYNNIG ARNI!**

- Lluniwch farcud a'i labelu'n PQRS, lle mae ochrau PQ ac SP yn hwy nag ochrau QR ac RS.

  Pa fath o ongl yw ∠QRS: ongl lem, ongl sgwâr, ongl aflem ynteu ongl atblyg? ________

- Lluniwch bedwar barcud arall yn yr un ffordd, lle mae ∠QRS yn:

  **(a)** ongl lem **(b)** ongl sgwâr **(c)** ongl aflem **(ch)** ongl atblyg

Mae'r symbolau —>— neu —>>— yn dangos bod llinellau yn baralel.
Mae'r symbolau —+— neu —++— yn dangos bod llinellau o'r un hyd.
Yn y sialens 'Rhowch gynnig arni!', ∠QRS yw'r ongl yn R sy'n cael ei ffurfio pan fydd llinell QR yn cyffwrdd llinell RS. Gelwir barcud ag ongl atblyg (ongl rhwng 180° a 360°) yn **flaen saeth** neu **ddelta**.

Archwilio onglau sydd wedi eu llunio â llinellau paralel

# Gweithredu gydag onglau

Bydd angen papur dargopïo, neu ddarn o asetad a beiro.

Ar bob set o linellau, mae dwy ongl wedi eu nodi â llythrennau.
Dargopïwch y ddwy ongl. Trowch eich dargopïau o amgylch i ddarganfod onglau eraill yn y diagram sydd o'r un maint. Nodwch yr onglau hyn gan ddefnyddio'r un llythyren.

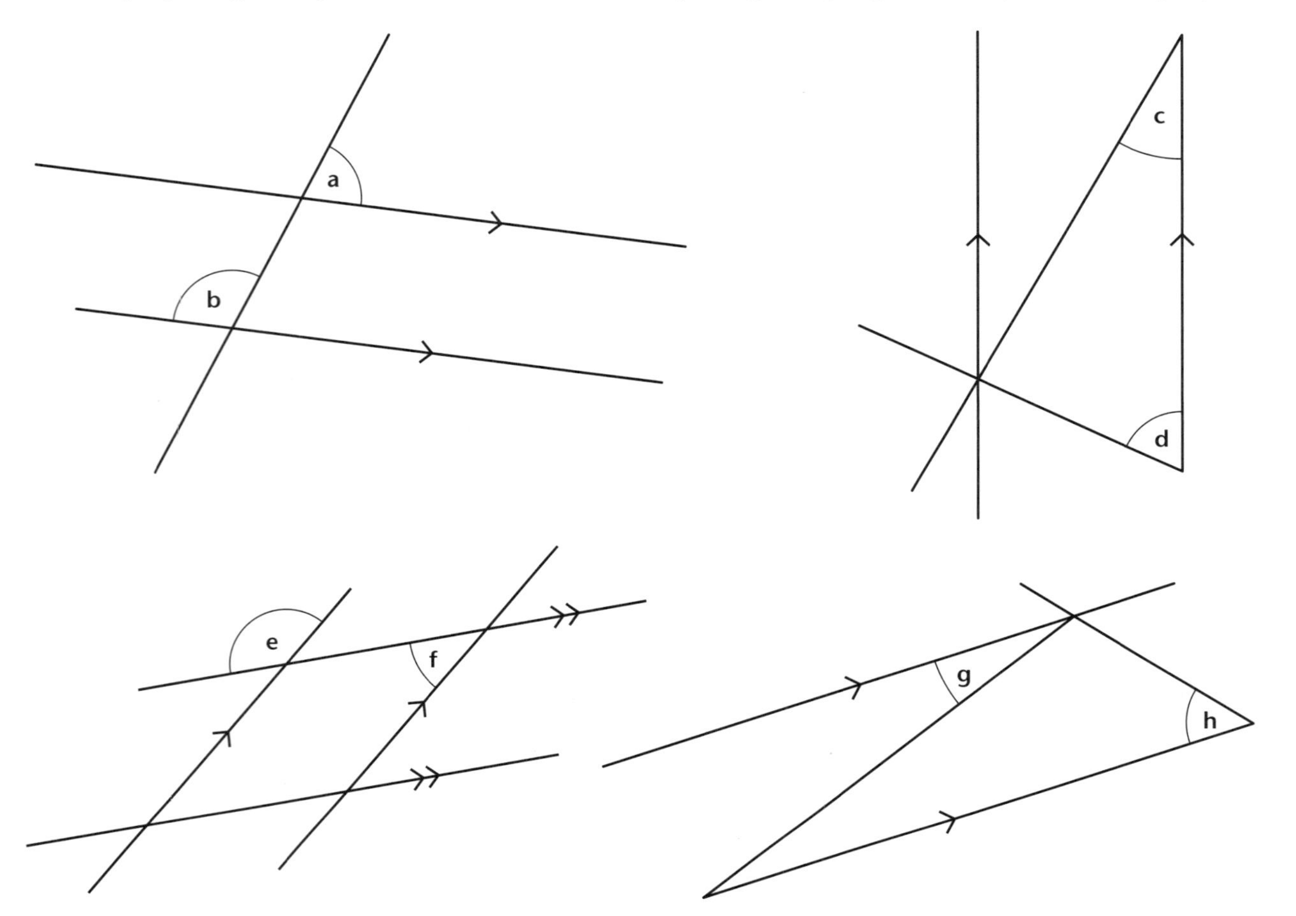

**1.** Ysgrifennwch bob ongl **fewnol** yn y triongl isod yn nhermau ei hongl **allanol**.

Defnyddiwch beth rydych yn ei wybod am onglau ar linell syth.

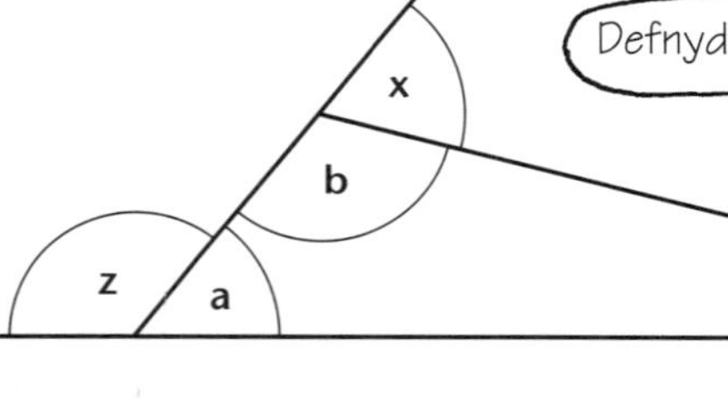


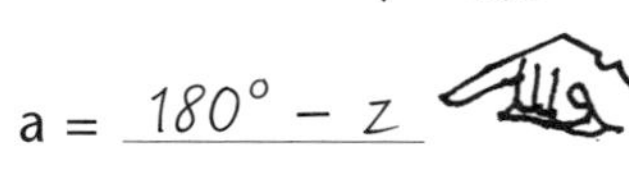


b = ________

c = ________

**2.** Ysgrifennwch bob ongl fewnol yn nhermau'r ddwy ongl fewnol arall.

a = 180° − (b + c)    b = ________    c = ________

Cofiwch gyfanswm yr onglau mewn triongl.

**3.** Defnyddiwch gwestiynau 1 a 2 i'ch helpu i ddarganfod pa ongl allanol sydd yr un fath â'r canlynol:

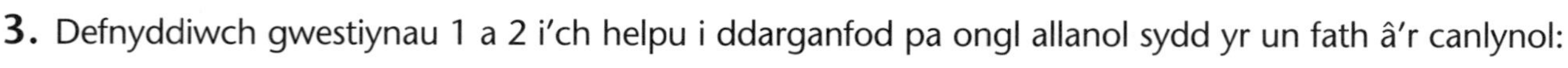

**(a)** b + c ____    **(b)** a + c ____    **(c)** a + b ____

Yn rhan A, gofalwch eich bod yn darganfod pob ongl sydd o'r un maint – fel arfer bydd mwy nag un ongl hafal arall, ac weithiau bydd hyd at wyth ohonynt! Ongl **fewnol** yw ongl y tu mewn i siâp. Ongl **allanol** yw'r ongl sy'n cael ei ffurfio pan fydd un o ochrau'r siâp yn cael ei hestyn.

# Gweithredu gydag onglau

Archwilio onglau sydd wedi eu llunio â llinellau paralel

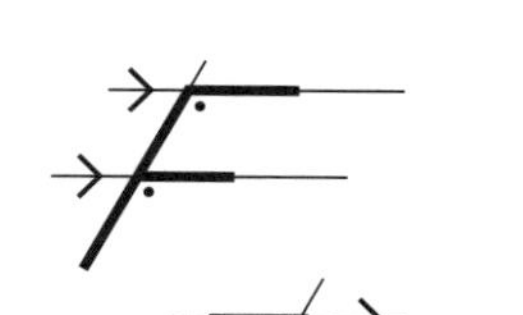

Pan yw llinell syth yn croesi dwy linell baralel:

mae'r onglau mewn siâp 'F' yn **hafal** ac fe'u gelwir yn onglau cyfatebol • = •

mae'r onglau mewn siâp 'Z' yn **hafal** ac fe'u gelwir yn onglau eiledol • = •

**1.** Defnyddiwch bensil goch i lunio siâp 'F' ar y llinellau isod. Mae cylchdroeon ac adlewyrchiadau'r siâp 'F' hefyd yn cyfrif. Darganfyddwch bâr o onglau **cyfatebol**. Defnyddiwch ddotiau i nodi'r onglau.

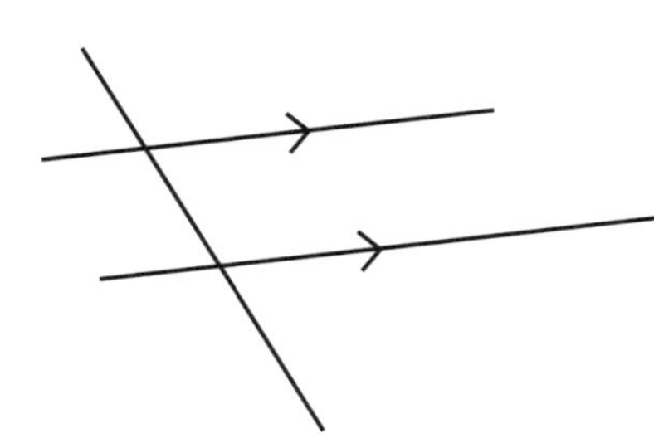

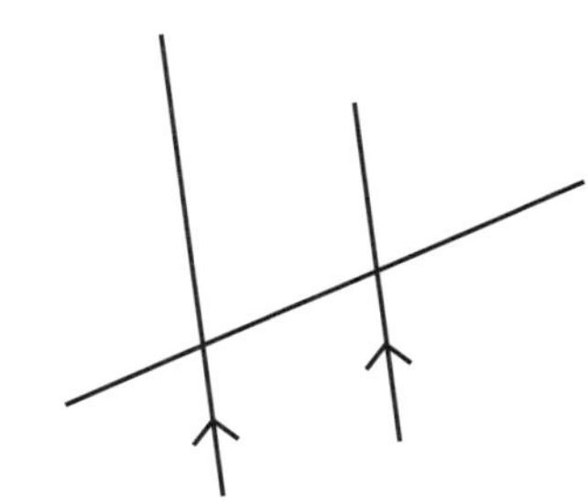

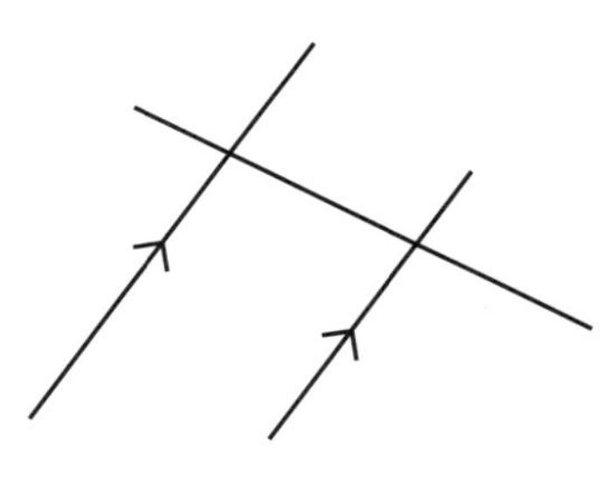

**2.** Defnyddiwch bensil las i lunio siâp 'Z' ar y llinellau isod. Mae cylchdroeon ac adlewyrchiadau'r siâp 'Z' hefyd yn cyfrif. Darganfyddwch bâr o onglau **eiledol**. Defnyddiwch ddotiau i nodi'r onglau.

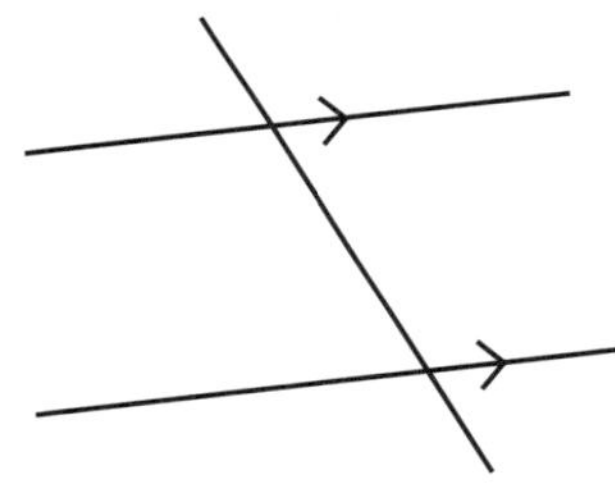

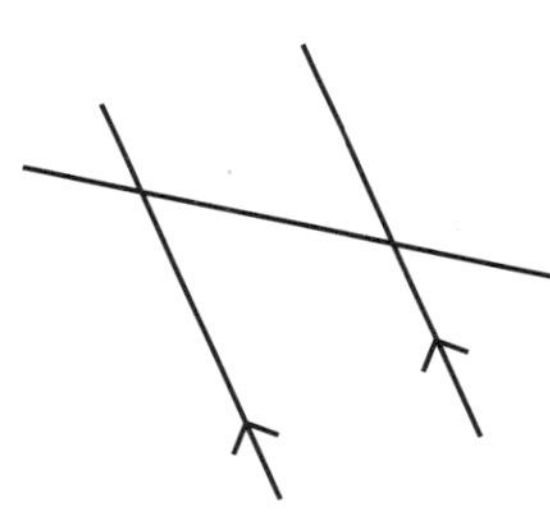

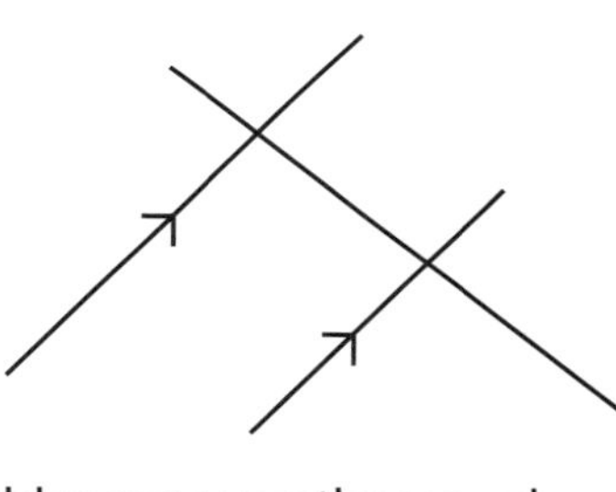

**3.** Ysgrifennwch gynifer o wahanol fynegiadau ag y gallwch i ddangos y perthnasau rhwng y llythrennau yma. Defnyddiwch yr hyn y gwnaethoch sylwi arno uchod.

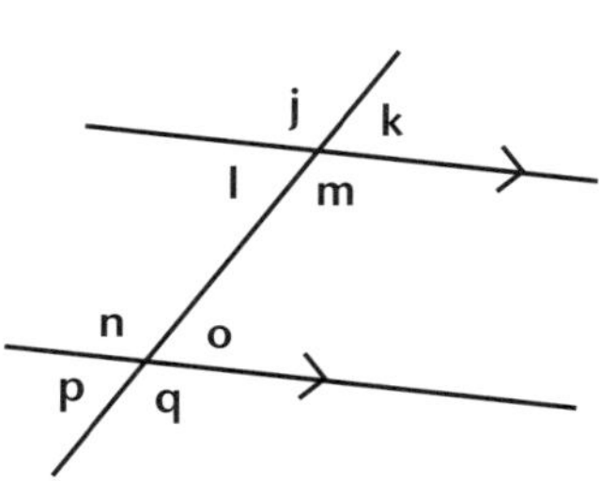


m = q (onglau cyfatebol)

**RHOWCH GYNNIG ARNI!**

- Lluniwch baralelogram ac un o'i groesliniau. Ysgrifennwch eglurhad o sut y gwyddoch fod onglau mewnol cyferbyn y paralelogram yn hafal.

Defnyddiwch beth rydych yn ei wybod am onglau eiledol.

!

Pan edrychwch ar yr onglau mewn siapiau 'F' neu 'Z', sylwch y gall onglau cyfatebol neu eiledol fod yn rhai llym (llai na 90°) neu aflym (rhwng 90° a 180°). Yn y sialens 'Rhowch gynnig arni!', cofiwch mai pedrochr â dau bâr o ochrau paralel yw **paralelogram**. Llinell syth sy'n cysylltu dau fertig nad ydynt yn rhai cyfagos yw **croeslin**.

Datrys problemau gan ddefnyddio nodweddion trionglau

# Treialon trionglau

1. Cysylltwch dri dot ar bob grid i wneud wyth triongl gwahanol. *Peidiwch* â llunio siapiau cyfath (cylchdroeon, adlewyrchiadau neu drawsfudiadau o'r un siâp).

Mae'r rhain i gyd yn gyfath.

2. Labelwch bob triongl un ai'n **anghyfochrog**, yn **isosgeles** neu'n **hafalochrog**.

A — anghyfochrog

B

C

CH

D

DD

E

F

3. Pa rai o'r trionglau sy'n drionglau ongl sgwâr? A,

Mae'r triongl anghyfochrog yma'n brithweithio.

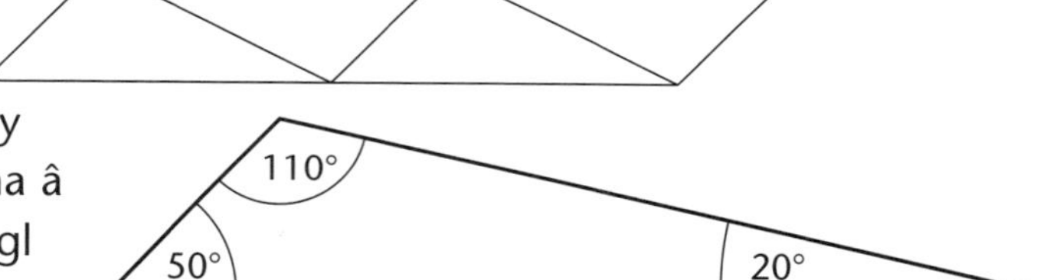

1. Dargopïwch a thorrwch o amgylch y patrymlun triongl anghyfochrog yma â siswrn. Darganfyddwch a yw'r triongl yn brithweithio.

110° 50° 20°

2. Ydych chi'n meddwl bod **pob triongl anghyfochrog** yn brithweithio? Eglurwch eich ateb.

3. Ydych chi'n meddwl bod **pob triongl** yn brithweithio? Eglurwch eich ateb.

Mae gan **driongl hafalochrog** dair ochr hafal a thair ongl sy'n 60°. Mae gan **driongl isosgeles** ddwy ochr hafal a dwy ongl hafal. Mae ochrau ac onglau **triongl anghyfochrog** i gyd yn wahanol. Os yw siâp yn **brithweithio**, gellir ei gylchdroi, ei adlewyrchu neu ei drawsfudo i wneud patrwm heb i unrhyw ddarnau orgyffwrdd a heb leoedd gwag rhwng y siapiau.

# Treialon trionglau

Datrys problemau gan ddefnyddio nodweddion trionglau

**1.** Mae'r pentagon yma wedi ei wneud o dri thriongl, sydd wedi eu cysylltu ymyl wrth ymyl. Darganfyddwch wahanol ffyrdd o rannu'r pentagon yn dri thriongl, drwy dynnu dwy linell. Rhifwch y trionglau. Disgrifiwch hwy a'u honglau.

1 2 3

1 *Anghyfochrog, dwy ongl lem ac un aflem*

2 ______

3 ______

1 ______

2 ______

3 ______

1 ______

2 ______

3 ______

1 ______

2 ______

3 ______

1 ______

2 ______

3 ______

**2.** Dychmygwch y pentagon rheolaidd yma wedi ei rannu'n dri thriongl.

**(a)** Disgrifiwch y trionglau a'u honglau.

108°

______

______

______

**(b)** Aildrefnir dau o drionglau'r pentagon yma, ymyl-wrth-ymyl, i wneud triongl newydd. Gwnewch fraslun o'r triongl yma a disgrifiwch ei nodweddion.

______

______

**RHOWCH GYNNIG ARNI!**

Mae hecsagon rheolaidd yn cael ei rannu'n bedwar triongl.

- Gwnewch fraslun o'r trionglau a disgrifiwch eu nodweddion.

Cofiwch fod **ongl lem** yn llai na 90°, **ongl sgwâr** yn 90°, **ongl aflem** rhwng 90° a 180°, **llinell syth** yn 180°, ac **ongl atblyg** rhwng 180° a 360°. Mae gan bolygon **rheolaidd** ochrau hafal ac onglau hafal.

Dosbarthu pedrochrau yn ôl eu nodweddion geometregol

# Ar drywydd pedrochrau!

**A**

**1.** Lliwiwch y pedrochrau yma gan ddilyn yr allwedd.

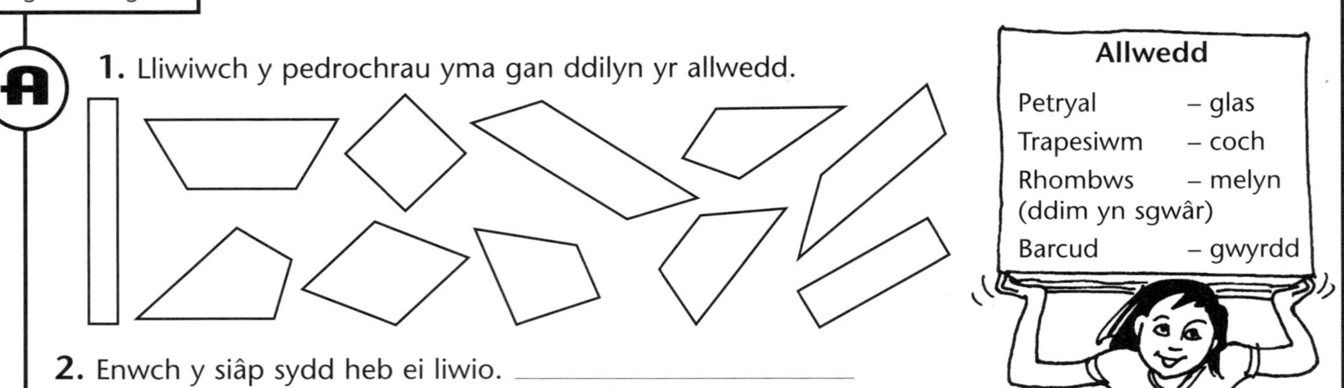

Allwedd
Petryal – glas
Trapesiwm – coch
Rhombws – melyn
(ddim yn sgwâr)
Barcud – gwyrdd


**2.** Enwch y siâp sydd heb ei liwio. ______________________

**B**

Pwrpas y diagram canghennog hwn yw dosbarthu pedrochrau.
Ysgrifennwch enw bob siâp yn y lle cywir ar bennau'r canghennau.

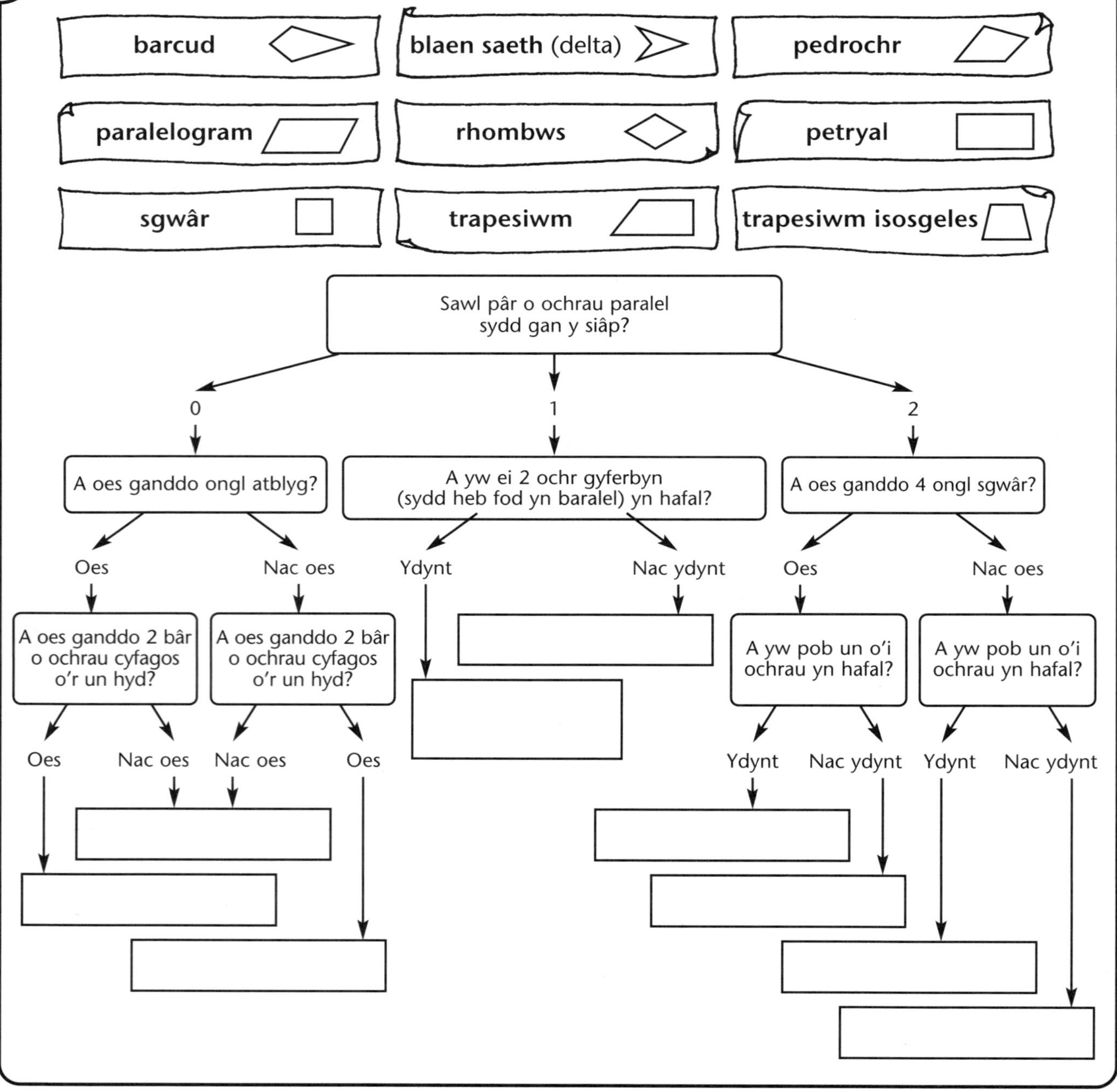

Mae gan **drapesiwm isosgeles** un pâr o ochrau hafal a dau bâr o onglau hafal.

# Ar drywydd pedrochrau!

Dosbarthu pedrochrau yn ôl eu nodweddion geometregol

**C**

**1. (a)** Enwch bob pedrochr. Lluniwch y ddwy **groeslin**.

A

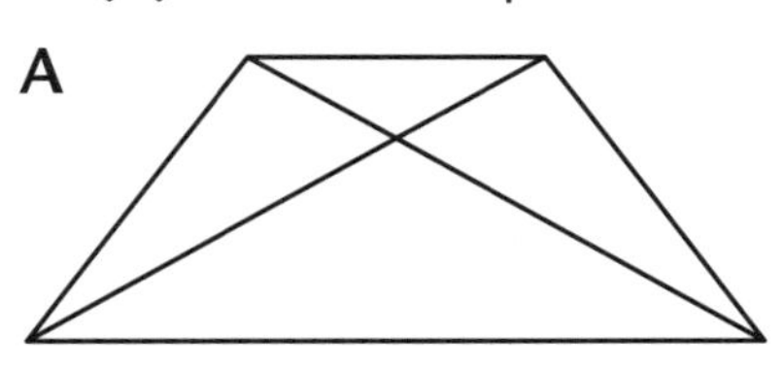

*trapesiwm isosgeles*

B

C

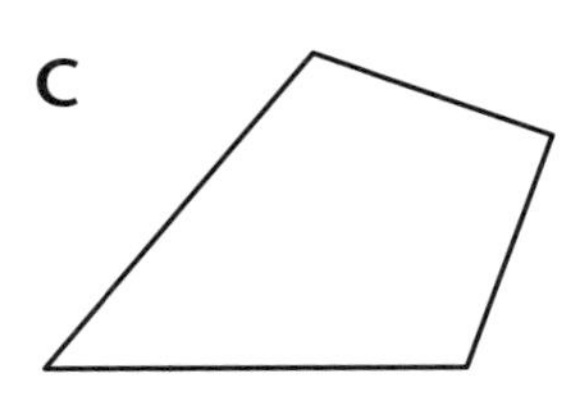

CH

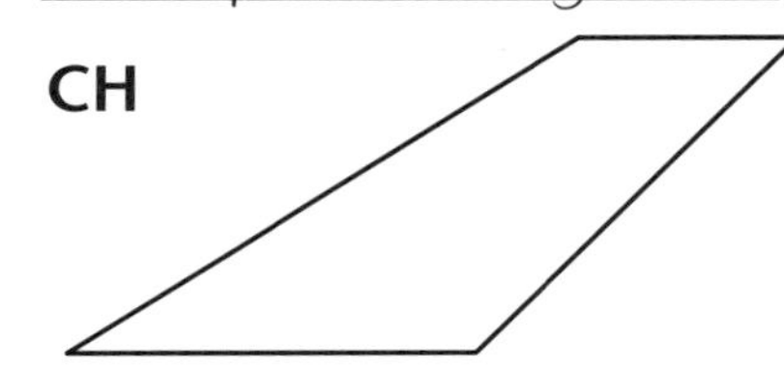

D

DD

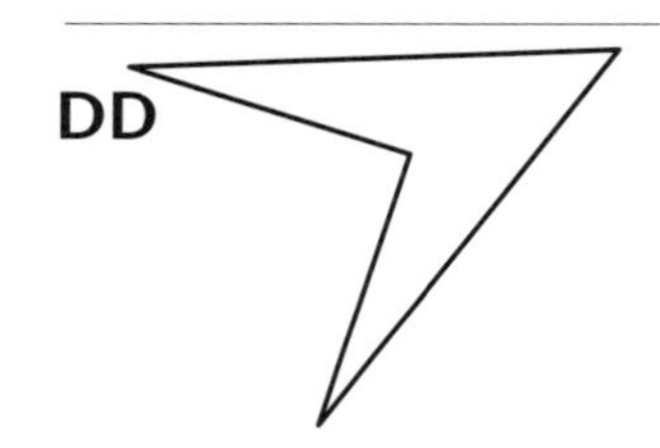

**(b)** Atebwch y cwestiynau yma am y pâr o groesliniau ar gyfer pob siâp.

| | A | B | C | CH | D | DD |
|---|---|---|---|---|---|---|
| Ydyn nhw'r un hyd? | *Ydyn* | | | | | |
| Ydyn nhw'n **haneru** ei gilydd (croesi ei gilydd hanner ffordd)? | | | | | | |
| Ydyn nhw'n **berpendicwlar** (ongl o 90°) i'w gilydd? | | | | | | |
| Ydyn nhw'n croesi y tu mewn i'r siâp? | | | | | | |

**2. (a)** Darllenwch am groesliniau dau siâp arall. Lluniwch y siapiau a rhowch eu henwau.

| | E | F |
|---|---|---|
| Ydyn nhw'r un hyd? | Ydyn | Nac ydyn |
| Ydyn nhw'n haneru ei gilydd? | Ydyn | Ydyn |
| Ydyn nhw'n berpendicwlar i'w gilydd? | Ydyn | Ydyn |
| Ydyn nhw'n croesi y tu mewn i'r siâp? | Ydyn | Ydyn |

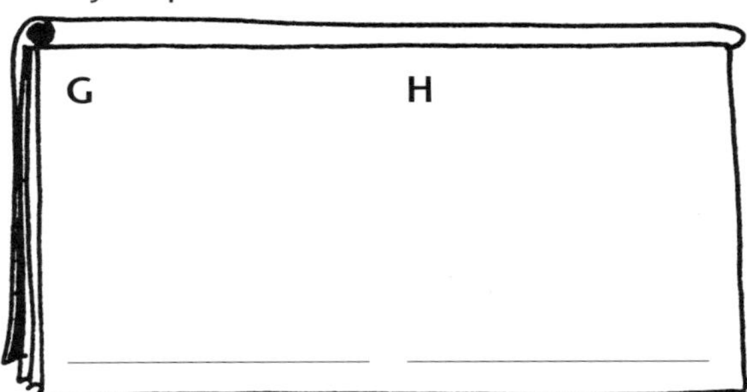


**(b)** Yn achos pob siâp uchod, dywedwch a yw'r **ddwy** groeslin yn llinellau cymesuredd adlewyrchiad.

| A | B | C | CH | D | DD | E | F |
|---|---|---|---|---|---|---|---|
| *Nac ydyn* | | | | | | | |

**RHOWCH GYNNIG ARNI!**

- Gyda phartner, penderfynwch a yw pob mynegiad yn gywir neu'n anghywir.

**(a)** Mae gan bob paralelogram groesliniau sy'n croesi y tu mewn i'r siâp.

**(b)** Nid oes gan yr un paralelogram groesliniau perpendicwlar.

**(c)** Mae gan bob trapesiwm groesliniau o'r un hyd.

**(ch)** Mae gen bob petryal groesliniau sy'n haneru ei gilydd.

- Lluniwch enghreifftiau er mwyn cyfiawnhau pob un o'ch atebion.

**Croeslin** yw llinell syth sy'n cysylltu dau fertig anghyfagos. Mae **haneru** yn golygu torri yn ei hanner, yn ddwy ran hafal; os yw dwy groeslin yn haneru ei gilydd, mae'n golygu eu bod yn croesi ei gilydd hanner ffordd. Pan fyddwch yn enwi siapiau, byddwch mor eglur ag y gallwch (er enghraifft, dylech alw sgwâr yn sgwâr yn hytrach nag yn betryal, yn baralelogram neu'n bedrochr).

Delweddu a braslunio siapiau 2-D

# Delweddau yn dy ben!

1. Dychmygwch eich bod yn torri'r pedrochr sydd wedi ei liwio â siswrn ar hyd un groeslin i ffurfio dau driongl. Yna dychmygwch fod y trionglau yn cael eu haildrefnu i lunio siapiau newydd drwy gysylltu ochrau hafal. Brasluniwch a rhowch enwau'r siapiau newydd yn achos pob pedrochr.

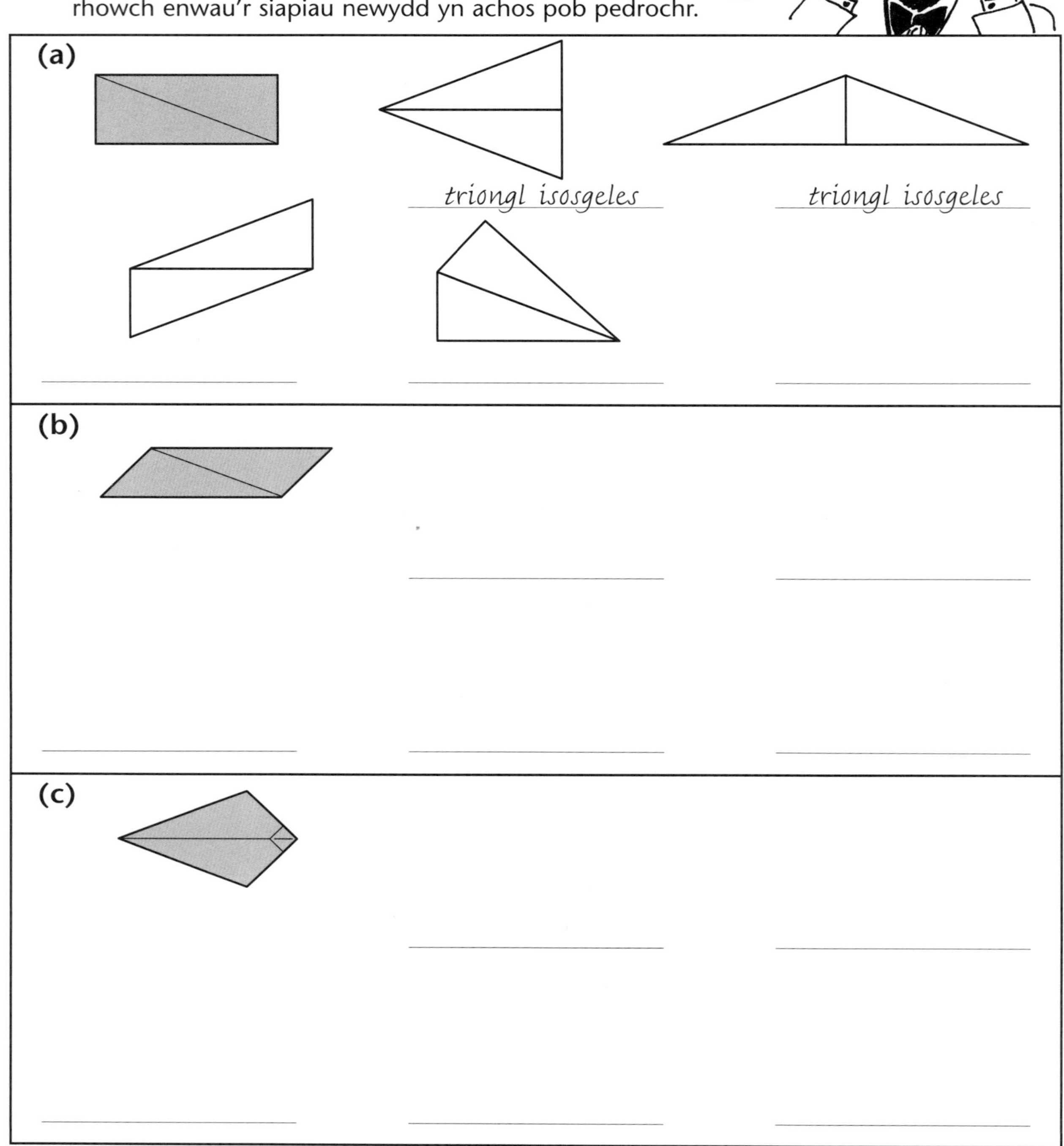


2. Defnyddiwch bapur dargopïo i wirio eich atebion i gwestiwn 1.

1. Ticiwch yr holl siapiau uchod sydd â chymesuredd cylchdro, trefn 2.
2. Rhowch seren gyferbyn â phob siâp sydd ag un llinell cymesuredd adlewyrchiad.

Sylwch fod gan y barcud yng nghwestiwn 1(c) un ongl sgwâr wedi ei marcio, felly nid oes yr un o'r onglau eraill yn onglau sgwâr. Meddyliwch yn ofalus p'un ai yw trionglau yn rhai isosgeles, anghyfochrog neu hafalochrog. Er mwyn darganfod y **drefn cymesuredd cylchdro**, dychmygwch eich bod yn troi'r siâp drwy 360° o amgylch ei ganol. Wrth i'r siâp droi, sawl gwaith mae'n ffitio'n union arno'i hun?

# Delweddau yn dy ben!

Delweddu a braslunio siapiau 2-D

Dychmygwch fod gennych sticeri ar ffurf **trionglau hafalochrog cyfath**.


**1.** Ymchwiliwch i ddarganfod pa siapiau y gallech chi eu gwneud drwy gysylltu gwahanol niferoedd o'r sticeri gyda'i gilydd, ymyl wrth ymyl.

Gwnewch fraslun o bob siâp gan nodi ei enw. Disgrifiwch y **drefn cymesuredd cylchdro** a nifer y llinellau cymesuredd adlewyrchiad.

**(a)** dau sticer

*Rhombws â chymesuredd cylchdro, trefn 2 a 2 linell cymesuredd adlewyrchiad.*

**(b)** tri sticer

______________________________

______________________________

**(c)** pedwar sticer

______________________________

______________________________

neu

______________________________

______________________________

neu

______________________________

______________________________

**2.** Gellir llunio'r siapiau yma gan ddefnyddio pum sticer. Gwnewch fraslun o'r siapiau ar gefn y daflen hon. Disgrifiwch y cymesureddau cylchdro ac adlewyrchiad isod.

**trapesiwm** ______________________________

______________________________

**heptagon** ______________________________

______________________________

**pentagon** ______________________________

______________________________

**hecsagon** ______________________________

______________________________

**RHOWCH GYNNIG ARNI!**

- Pa rai o'r siapiau canlynol y gellir eu llunio drwy ddefnyddio chwe sticer? Eglurwch sut y gallwch fod yn sicr o hyn.

  **heptagon  octagon  petryal  trapesiwm  pentagon  triongl**

- Faint o hecsagonau gwahanol allwch chi eu gwneud â chwe sticer?

Mae siapiau **cyfath** yn unfath (mae eu siâp a'u maint yr un fath, ond gall eu cyfeiriadedd fod yn wahanol). Cofiwch fod gan **driongl hafalochrog** dair ochr hafal a thair ongl hafal o 60°. Polygon â saith ochr yw **heptagon**. **Trefn cymesuredd cylchdro** yw'r nifer o weithiau mae siâp yn ffitio'n union arno'i hun wrth iddo gylchdroi drwy 360°.

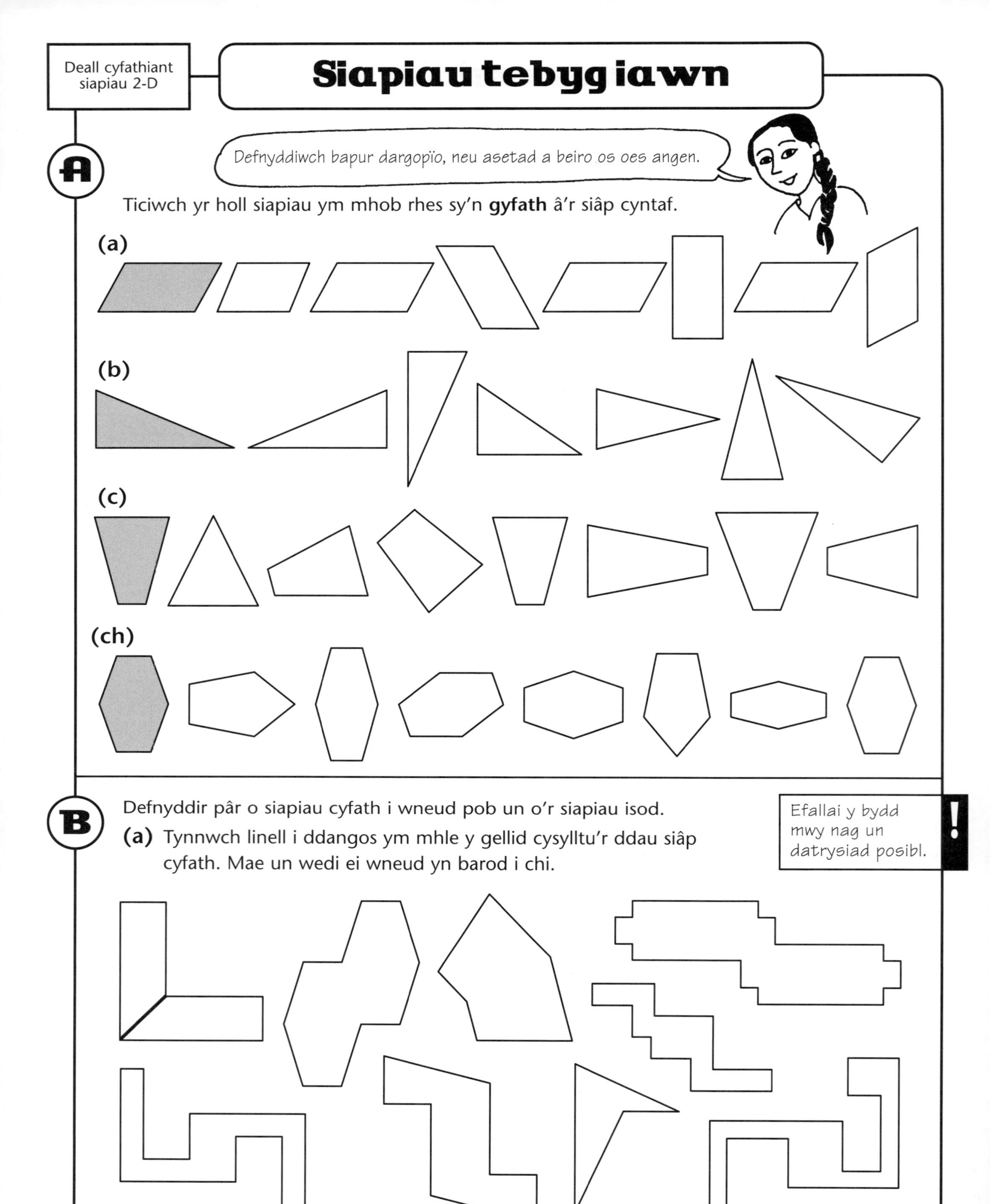

Deall cyfathiant siapiau 2-D

# Siapiau tebyg iawn

**A**

Defnyddiwch bapur dargopïo, neu asetad a beiro os oes angen.



Ticiwch yr holl siapiau ym mhob rhes sy'n **gyfath** â'r siâp cyntaf.

**(a)**

**(b)**

**(c)**

**(ch)**

**B**

Defnyddir pâr o siapiau cyfath i wneud pob un o'r siapiau isod.

**(a)** Tynnwch linell i ddangos ym mhle y gellid cysylltu'r ddau siâp cyfath. Mae un wedi ei wneud yn barod i chi.

Efallai y bydd mwy nag un datrysiad posibl.

**(b)** Ticiwch i ddangos pa rai o'ch llinellau sy'n llinellau cymesuredd adlewyrchiad.

Mae dau siâp yn **gyfath** pan yw eu siâp a'u maint yr un fath, a phan fydd ochrau ac onglau cyfatebol yn hafal. Gall y naill siâp fod yn gylchdro, yn adlewyrchiad neu'n drawsfudiad o'r llall.

# Siapiau tebyg iawn

Deall cyfathiant siapiau 2-D

**C** Mesurwch ochrau ac onglau'r ddau siâp a'u labelu.
Ticiwch i ddangos a yw'r ddau siâp yn **gyfath** ai peidio.

(a)

Ydynt ☐ Nac ydynt ☐

(b)

Ydynt ☐ Nac ydynt ☐

(c)

Ydynt ☐ Nac ydynt ☐

(ch)

Ydynt ☐ Nac ydynt ☐

(d)

Ydynt ☐ Nac ydynt ☐

**RHOWCH GYNNIG ARNI!**

Mae tair rhoden o wahanol hyd yn cael eu cysylltu (pen wrth ben) i ffurfio triongl anghyfochrog.

- A yw'n bosibl aildrefnu'r rhodenni i lunio triongl anghyfochrog nad yw'n gyfath â'r triongl cyntaf? ______
- Lluniwch drionglau a'u labelu i brofi eich ateb.

Bydd arnoch angen pren mesur ac onglydd. Mae dau siâp yn **gyfath** pan yw eu siâp a'u maint yr un fath, a phan fydd ochrau ac onglau cyfatebol yn hafal. Gall y naill siâp fod yn gylchdro, yn adlewyrchiad neu'n drawsfudiad o'r llall.

Gwybod nodweddion ciwboidau a siapiau a wnaed o giwboidau

# Ffeithiau am giwboidau

1. Mae fertigau'r sgerbwd ciwb yma wedi eu labelu. Mae'r ymyl AB sy'n cysylltu fertigau A a B wedi ei nodi â llinell dywyll.

Ticiwch i ddangos pa fynegiadau sy'n gywir.

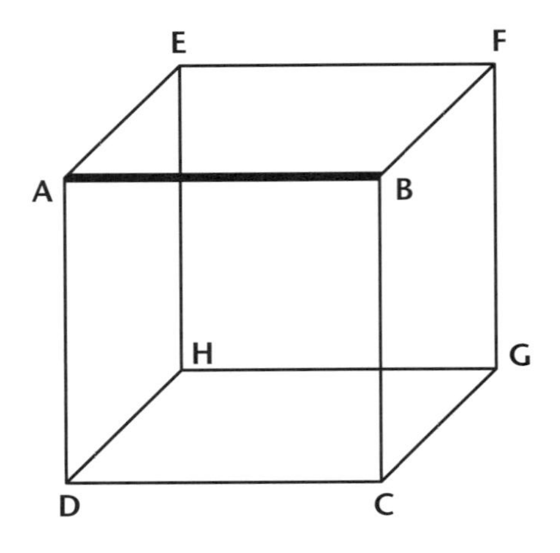


(a) Mae AD yn **berpendicwlar** i AB. ✔

(b) Mae EF yn **baralel** i AB. ☐

(c) Mae AB ac FB yn cyfarfod mewn pwynt. ☐

(ch) Mae CG yn baralel i AB. ☐

(d) Mae EH ac AB yn cyfarfod mewn pwynt. ☐

(dd) Mae GH yn baralel i AB. ☐

(e) Mae BC yn berpendicwlar i AB ac yn cyfarfod AB. ☐

(f) Mae AE yn baralel i AB. ☐

(ff) Nid yw GC yn baralel i AB ac nid yw'n cyfarfod AB. ☐

2. (a) Enwch yr holl ymylon sy'n cyfarfod ymyl AB. ______

(b) A yw pob un ohonynt yn berpendicwlar i AB? ______

Mae wynebau'r ciwb wedi eu peintio fel a ganlyn:

Mae wynebau ABCD, EFGH ac AEFB wedi eu peintio'n goch.
Mae wynebau AEHD a DHGC wedi eu peintio'n las.
Mae wyneb BFGC wedi ei beintio'n felyn.


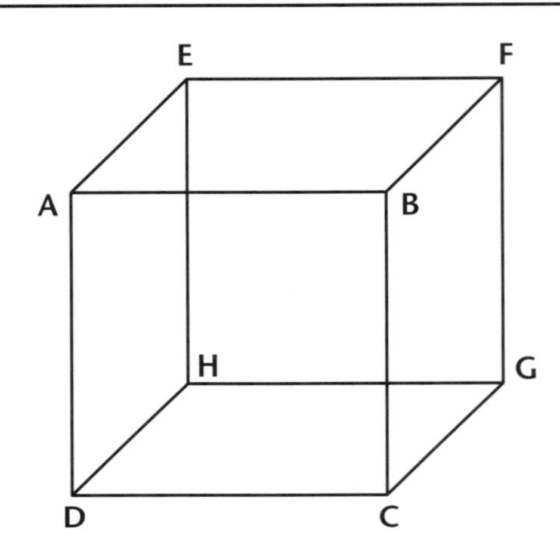


1. Sawl **ymyl** sydd pan yw:

(a) wyneb coch yn cyfarfod wyneb glas? ______

(b) wyneb coch yn cyfarfod wyneb coch? ______

(c) wyneb glas yn cyfarfod wyneb glas? ______

(ch) wyneb glas yn cyfarfod wyneb melyn? ______

(d) wyneb melyn yn cyfarfod wyneb melyn? ______

(dd) wyneb coch yn cyfarfod wyneb melyn? ______

2. Sawl **fertig** sydd pan yw:

(a) wyneb coch, wyneb coch ac wyneb glas yn cyfarfod? ______

(b) wyneb coch, wyneb glas ac wyneb melyn yn cyfarfod? ______

(c) wyneb glas, wyneb glas ac wyneb melyn yn cyfarfod? ______

(ch) wyneb glas, wyneb glas ac wyneb coch yn cyfarfod? ______

Mae gan giwb neu giwboid 6 wyneb, 8 fertig a 12 ymyl. Mae **perpendicwlar** yn golygu 'llunio ongl sgwâr â'. Mae llinellau **paralel** yn gytbell (bob amser yr un pellter oddi wrth ei gilydd) ac ni allant fyth groesi, waeth pa mor bell yr estynnir y llinellau.

# Ffeithiau am giwboidau

Gwybod nodweddion ciwboidau a siapiau a wnaed o giwboidau

1. Mae pob un o'r diagramau isod yn dangos rhwyd y ciwboid yma ag un wyneb petryalog ar goll. Lluniwch y petryal sydd ar goll mewn lle gwahanol bob tro i ddangos rhwydi posibl.

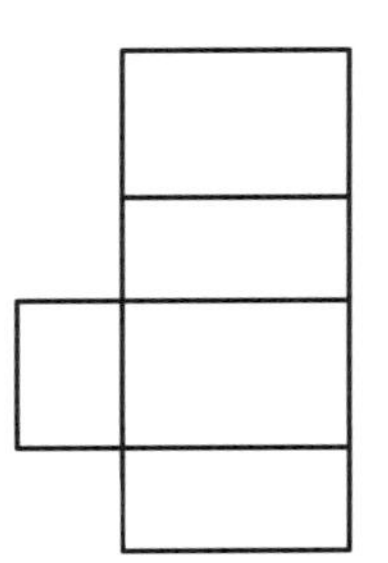
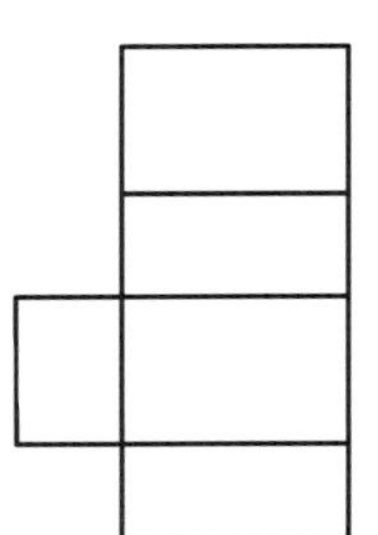
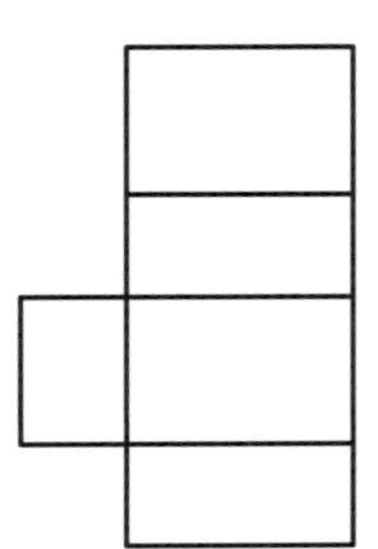
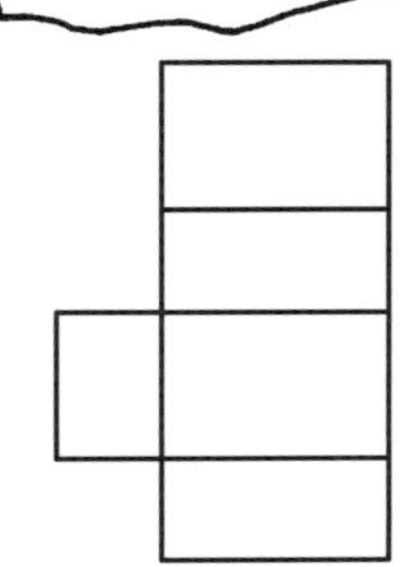

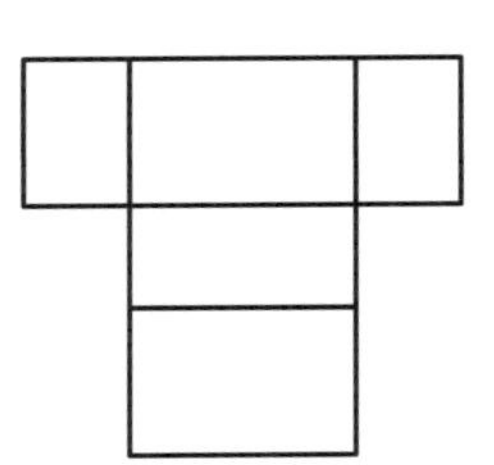
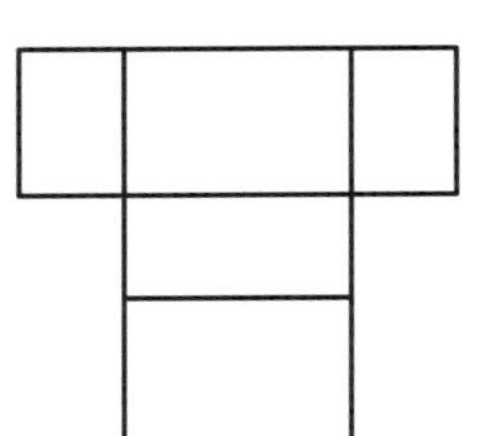
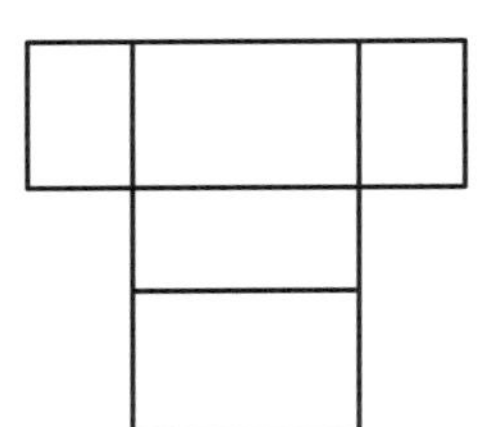
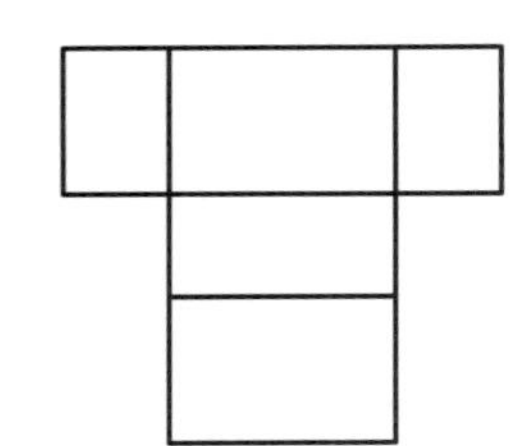

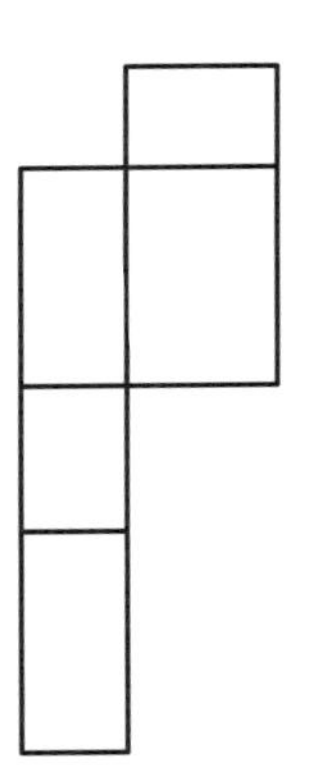
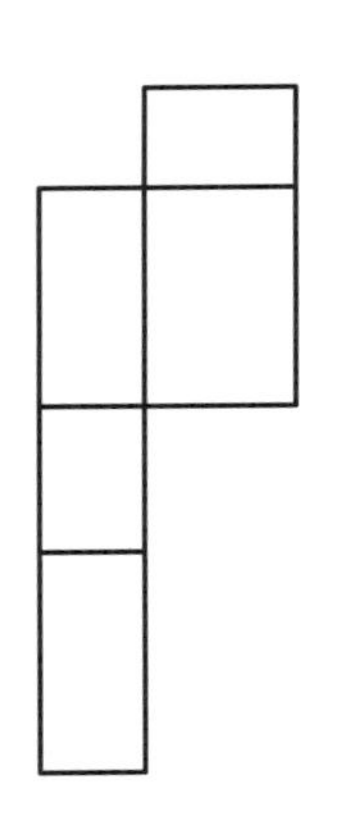
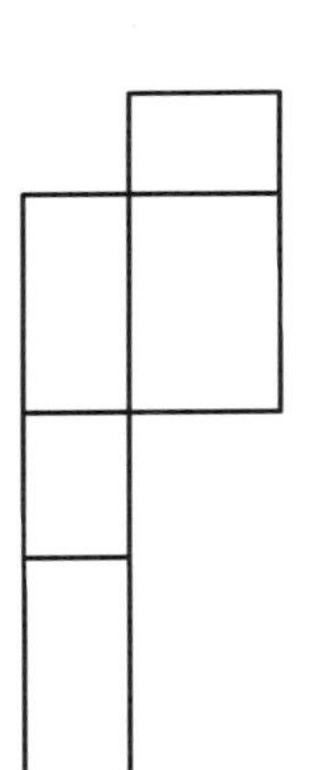
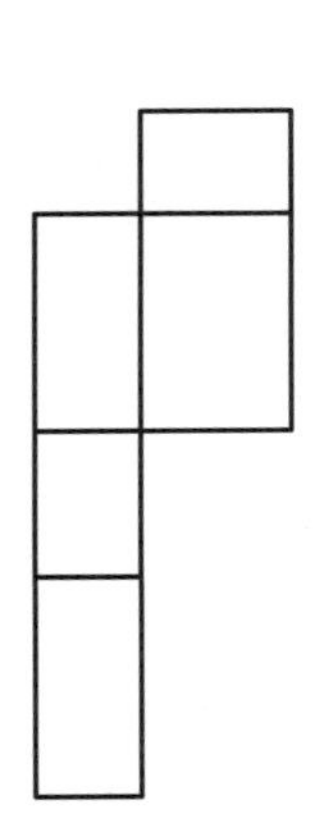

2. Copïwch a chwblhewch y braslun i ddangos rhwyd y model yma.

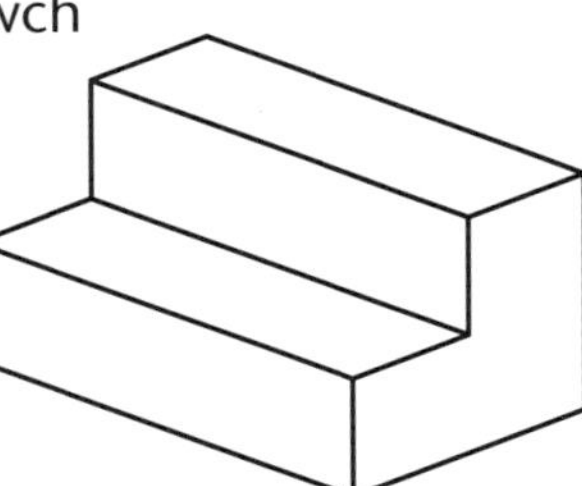

Braslun

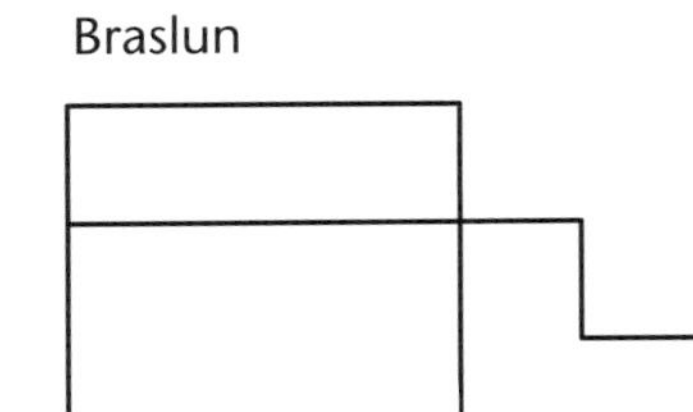

Mae mwy nag un ateb posibl! **!**

- Gosodwch ddau ddis 1-6, y naill ar ben y llall. Darganfyddwch gyfanswm yr holl sbotiau sydd ar y golygon hyn: blaen, cefn a dwy ochr. Gwnewch hyn amryw o weithiau mewn gwahanol ffyrdd. Beth ydych chi'n sylwi arno? Eglurwch beth ydych chi'n ei ddarganfod.

Mae gan giwb neu giwboid 6 wyneb, 8 fertig a 12 ymyl. **Golygon** siâp 3-D yw'r pedwar golwg gwahanol a geir wrth edrych arno o'r blaen, o'r cefn ac o'r ddwy ochr.

Defnyddio uwcholygon a golygon

# Golwg ar giwbiau

Mae'r model yma wedi ei wneud â chiwbiau sy'n cyd-gloi. Mae'r diagram sydd wedi ei rifo yn dangos yr hyn a welir o bwynt uwch ei ben, ac mae'n nodi nifer y ciwbiau sydd ar ben ei gilydd. Gelwir hyn yn uwcholwg.

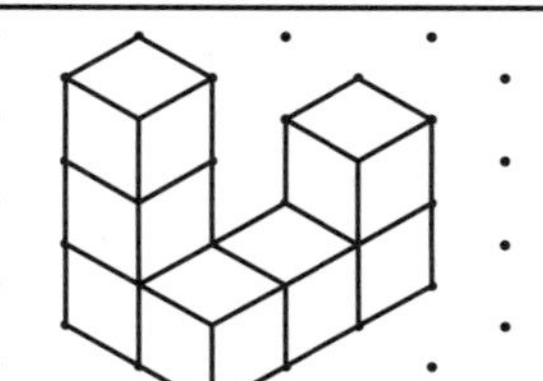

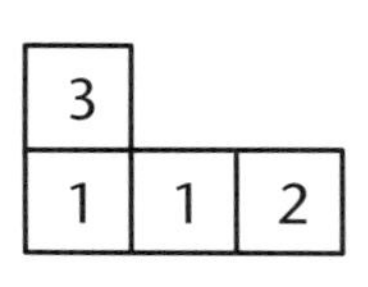

| 3 | | |
|---|---|---|
| 1 | 1 | 2 |

Lluniwch neu gwblhewch yr uwcholygon hyn yn yr un modd.

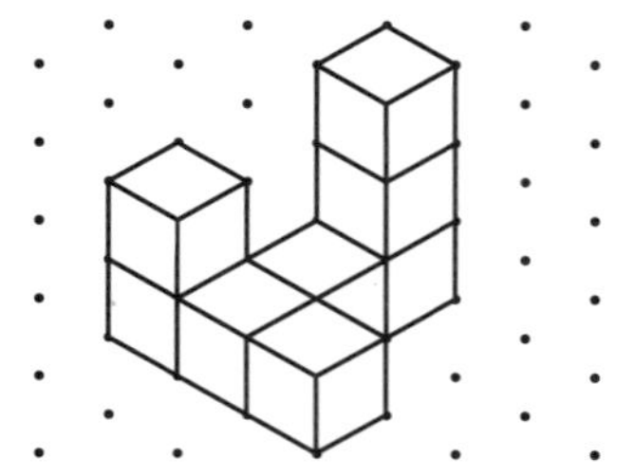

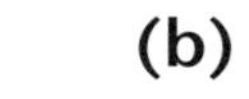

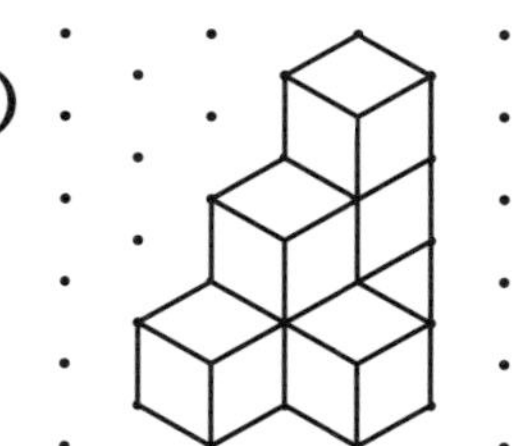

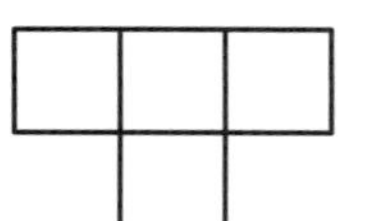

(c)

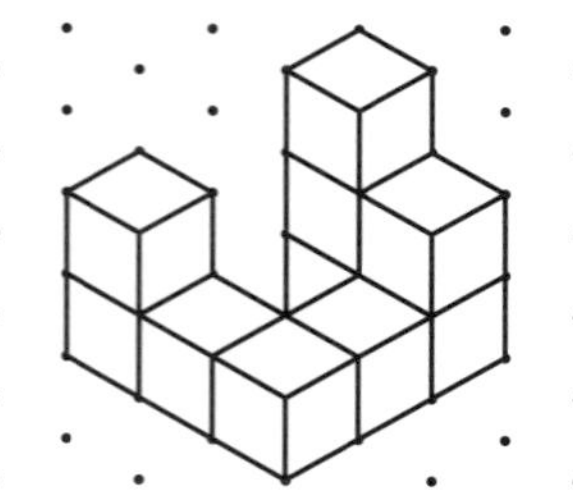

(ch)

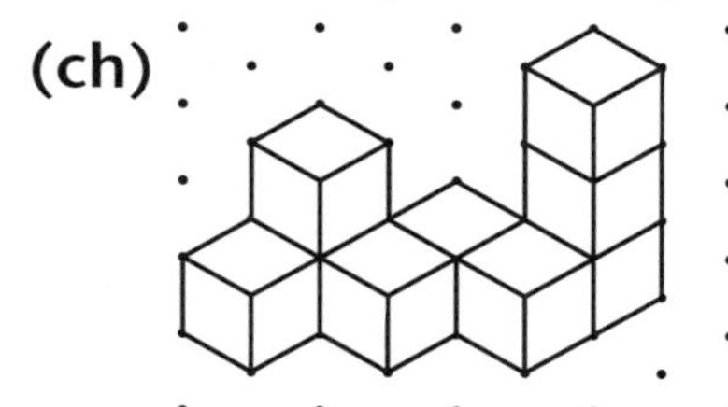

(d)

(dd)

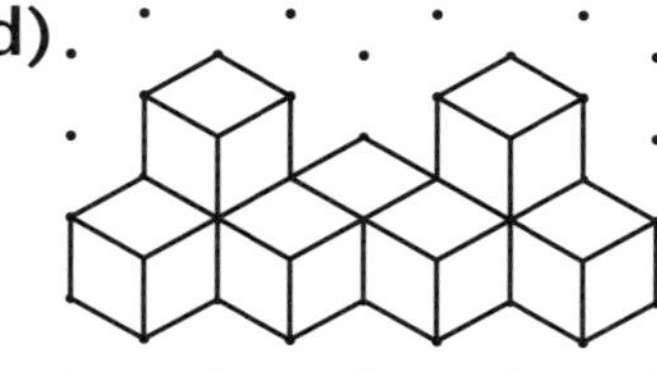

**B**

Ar bapur isometrig, tynnwch lun o'r model ar gyfer pob uwcholwg. Rhowch gynifer o wahanol atebion ag sydd bosibl.

**(a)**

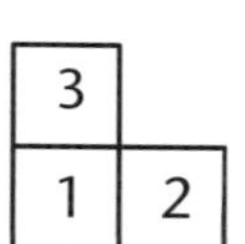

| 3 | |
|---|---|
| 1 | 2 |

**(b)**

| 3 | 1 | |
|---|---|---|
| | 2 | 1 |

**(c)**

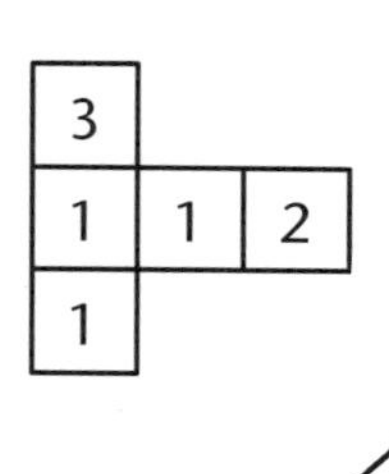

| 3 | | |
|---|---|---|
| 1 | 1 | 2 |
| 1 | | |

**(ch)**

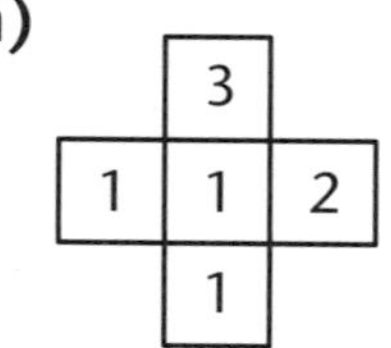

| | 3 | |
|---|---|---|
| 1 | 1 | 2 |
| | 1 | |

**(d)**

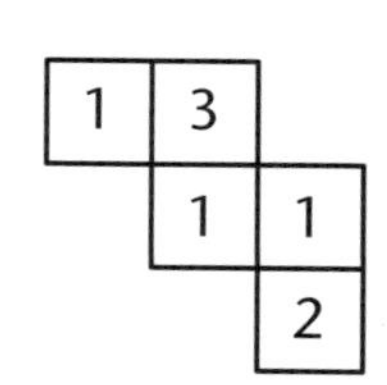

| 1 | 3 | |
|---|---|---|
| | 1 | 1 |
| | | 2 |

**(dd)**

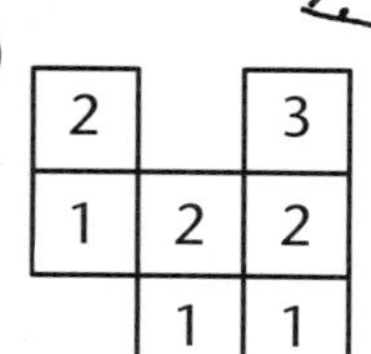

| 2 | | 3 |
|---|---|---|
| 1 | 2 | 2 |
| | 1 | 1 |

**Uwcholwg** yw'r hyn a welir wrth edrych i lawr ar siâp o bwynt uwch ei ben. Yn rhan B, efallai y byddai o gymorth ichi wneud y modeli gan ddefnyddio ciwbiau sy'n cyd-gloi o wahanol liwiau cyn gwneud lluniad ohonynt. Gofalwch eich bod yn lliwio'r nifer cywir o wynebau o bob lliw y gallwch eu gweld.

# Golwg ar giwbiau

Defnyddio uwcholygon a golygon

**1.** Gellir gweld y model yma o bedwar '**golwg**', yn ogystal ag o bwynt uwch ei ben ac o bwynt oddi tano.

☆ Gwnewch y model gan ddefnyddio pedwar ciwb lliw gwahanol sy'n cyd-gloi. Lliwiwch y llun i gyd-fynd â'ch model.

☆ Isod, lliwiwch sgwariau yn y lliwiau cywir i ddangos pob un o'r golygon gwahanol. Os oes sgwariau nad oes eu hangen, gadewch nhw'n wyn.

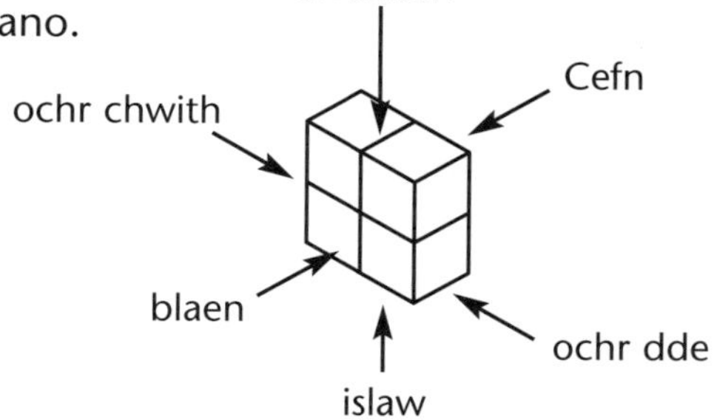


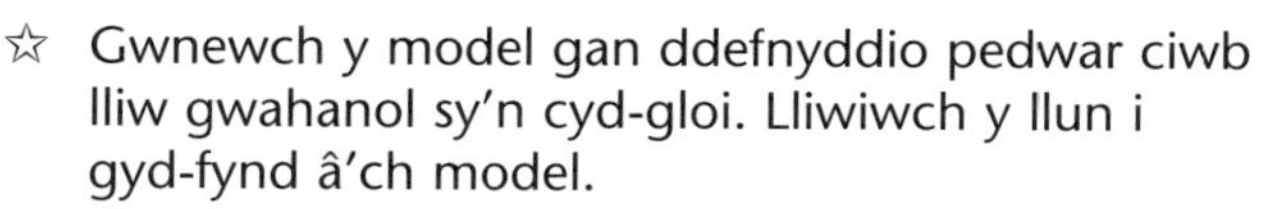

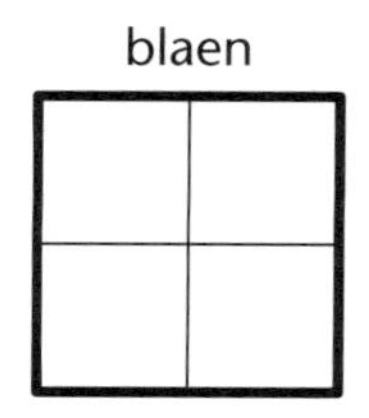

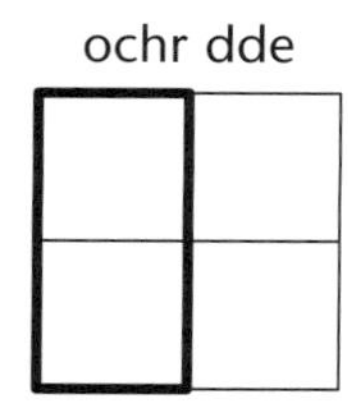

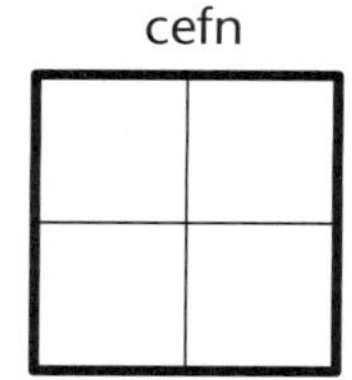

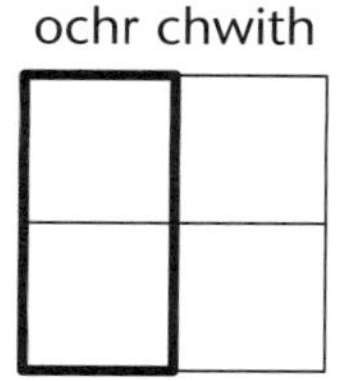

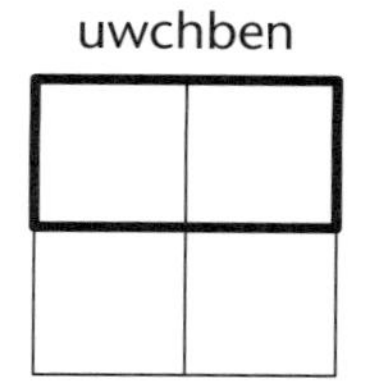

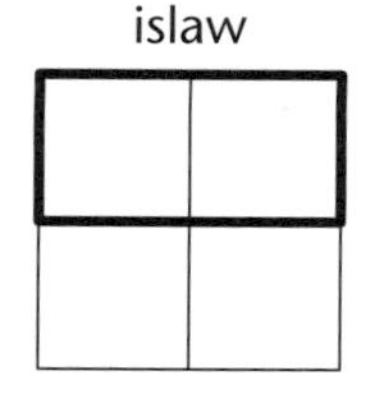


**2.** Mae'r lluniau hyn yn dangos modelau a wnaed â phedwar neu bum ciwb. Lliwiwch bob ciwb gan ddefnyddio lliw gwahanol. Yna lluniwch a lliwiwch y chwe golwg gwahanol yn achos pob model.

**(a)**

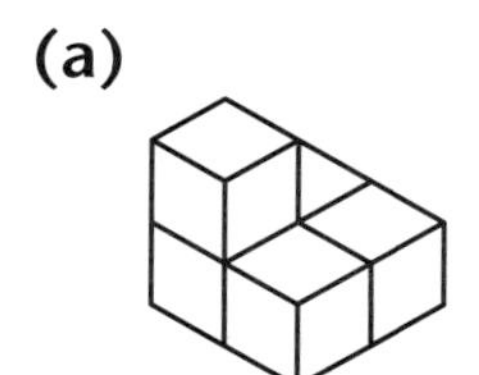
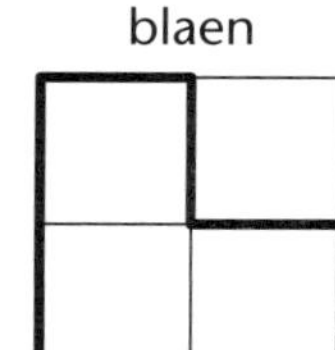

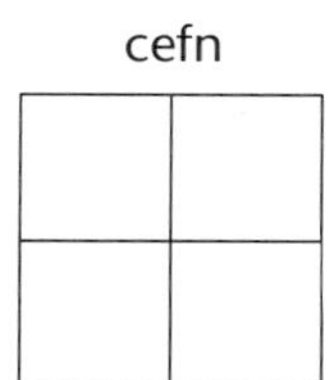

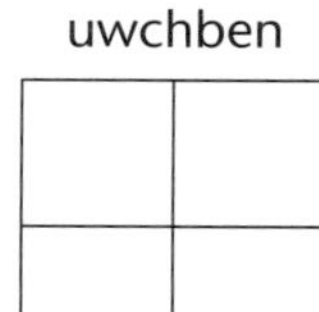

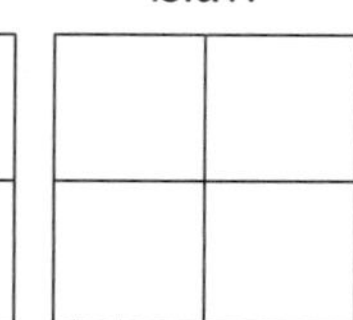


**(b)**

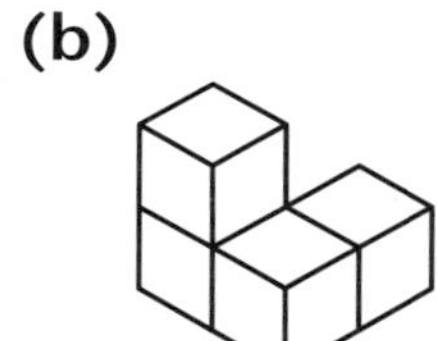

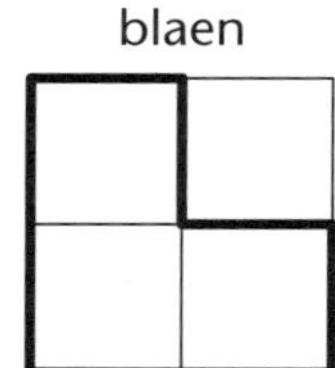

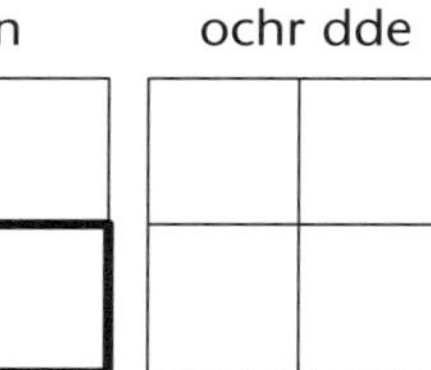

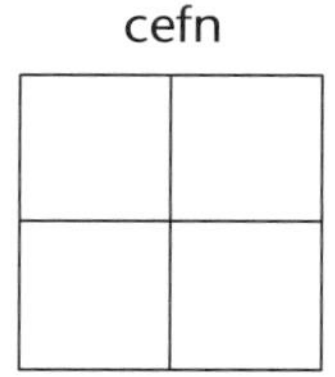

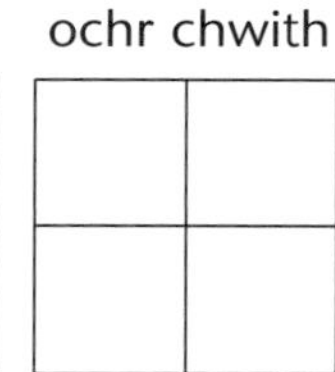

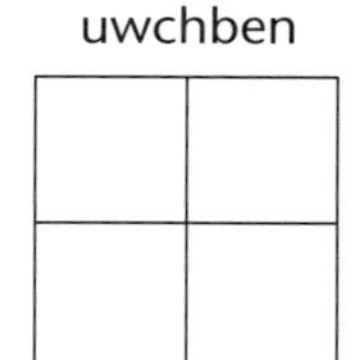

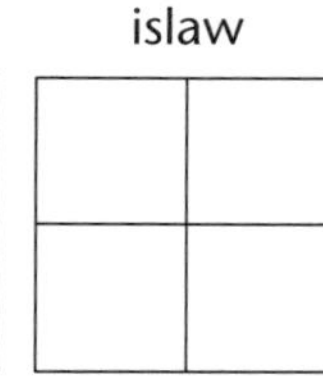


**(c)**

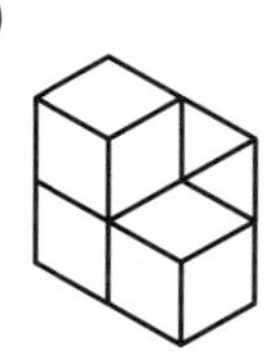
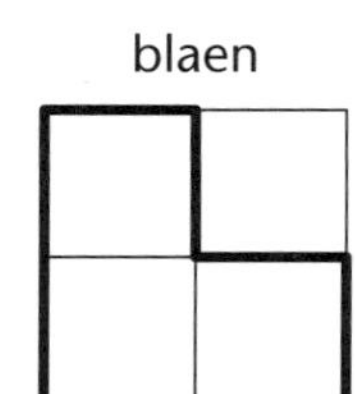

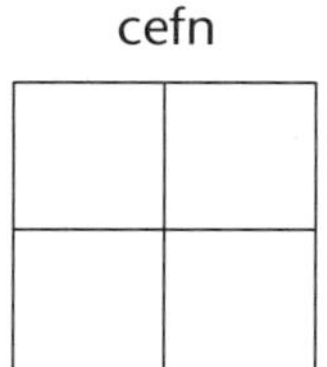

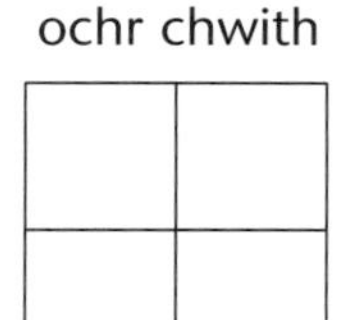

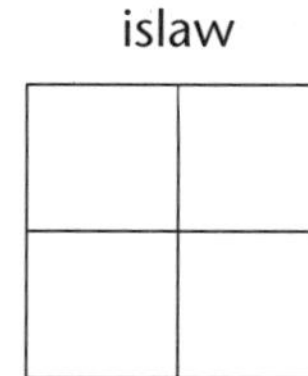


**RHOWCH GYNNIG ARNI!**

- Gwnewch fodel gan ddefnyddio chwech neu saith o giwbiau sy'n cyd-gloi o wahanol liwiau.
- Ar bapur isometrig, tynnwch lun eich model a'i liwio.
- Yna, ar bapur sgwariau, lluniwch chwe golwg eich model. Rhowch sialens i'ch partner drwy roi'r llun iddo/iddi a gofyn iddo/iddo wneud y model.

**Golygon** siâp 3-D yw'r pedair 'olygfa' wahanol a geir wrth edrych arno o'r blaen, o'r tu ôl ac o'r ddwy ochr. Pan fyddwch yn llunio'r model ar bapur isometrig yn y sialens 'Rhowch gynnig arni!', gofalwch eich bod yn lliwio'r nifer cywir o wynebau o bob lliw y gallwch chi eu gweld.

Trawsffurfio siapiau 2-D drwy ddefnyddio trawsfudiadau syml

# Trawsfudo

1. Trawsfudwch bob siâp gan ddilyn y cyfarwyddiadau a roddir. Labelwch y ddelwedd yn D.

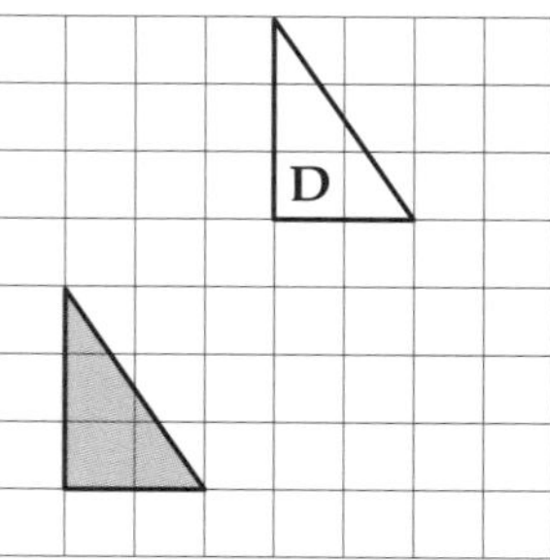

Trawsfudiad (3, 4)

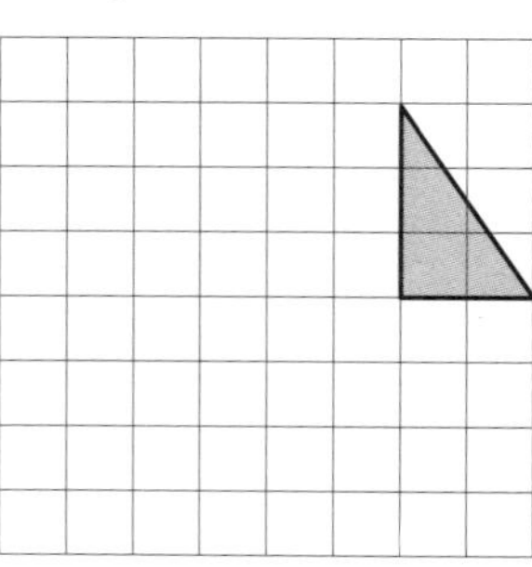
Trawsfudiad (⁻4, 1)

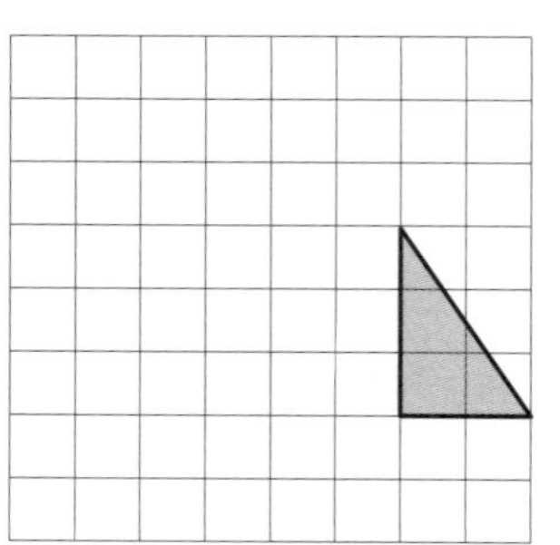
Trawsfudiad (⁻5, 0)

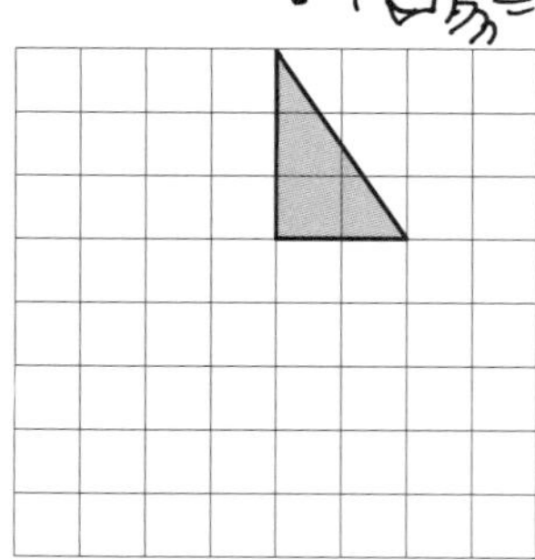
Trawsfudiad (0, ⁻3)

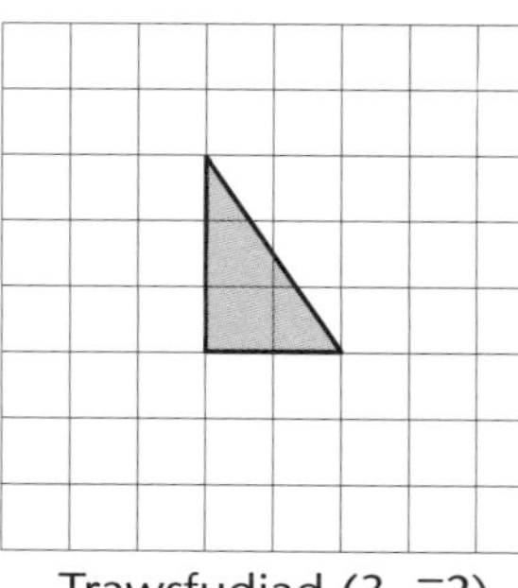
Trawsfudiad (3, ⁻2)

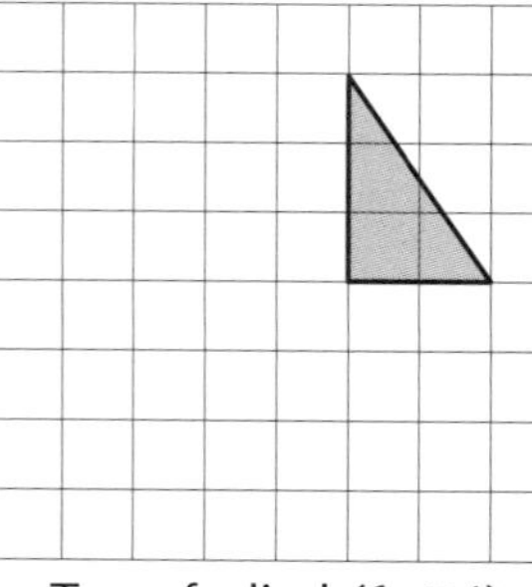
Trawsfudiad (1, ⁻4)

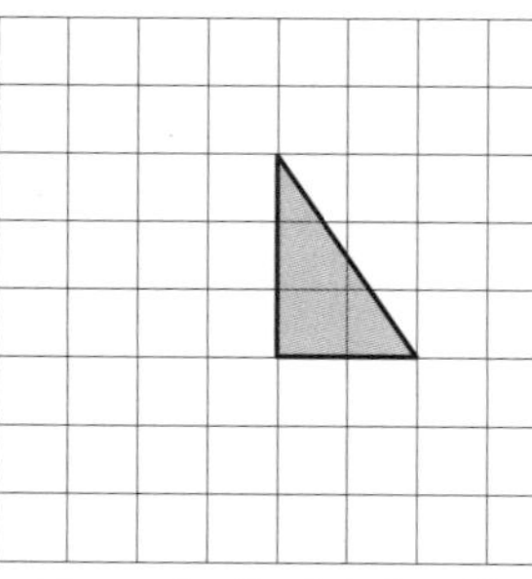
Trawsfudiad (⁻2, ⁻3)

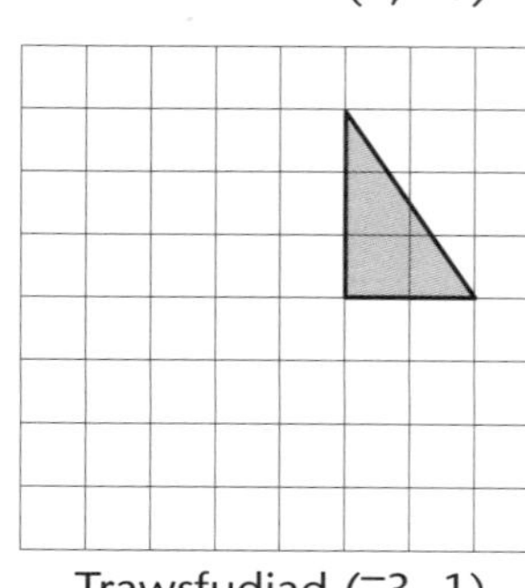
Trawsfudiad (⁻3, 1)

2. Mae'r siâp wedi ei drawsfudo a dangosir ei ddelwedd (D). Ysgrifennwch y trawsfudiad.

(a)

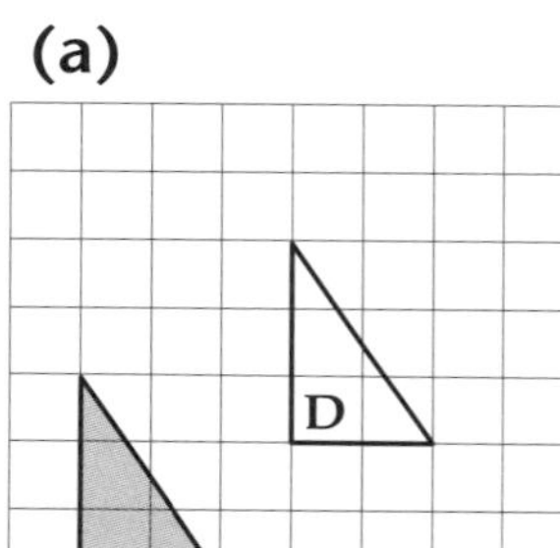

Trawsfudiad (___, ___)

(b)

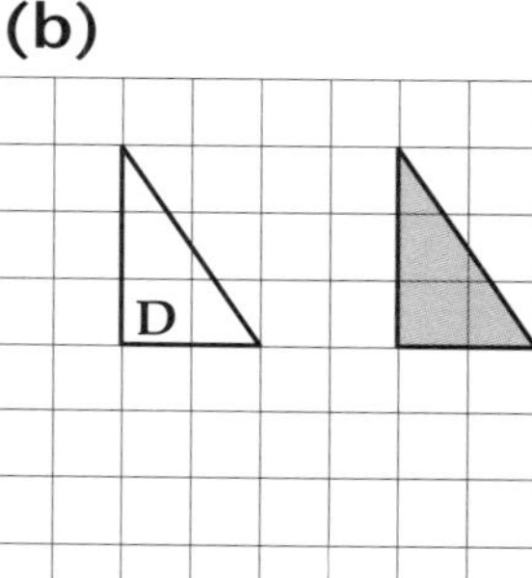

Trawsfudiad (___, ___)

(c)

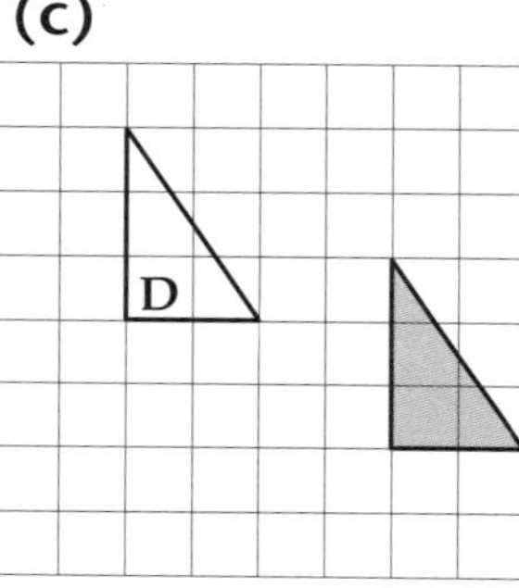

Trawsfudiad (___, ___)

(ch)

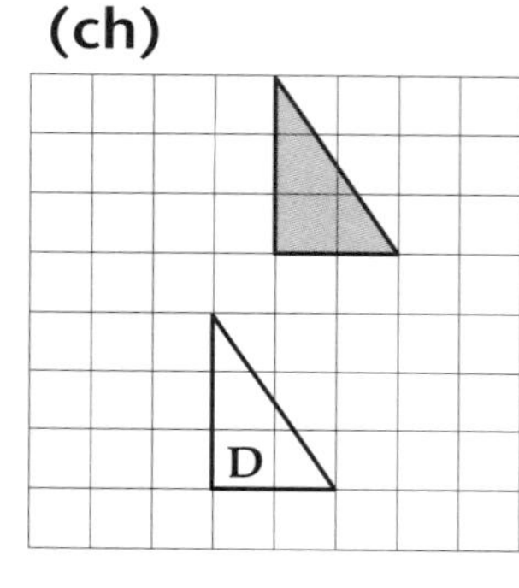

Trawsfudiad (___, ___)

## B

Mewn sawl gwahanol ffordd y gellir trawsfudo pob siâp?
Rhaid i bob un o fertigau'r ddelwedd fod ar un o'r dotiau.

(a)

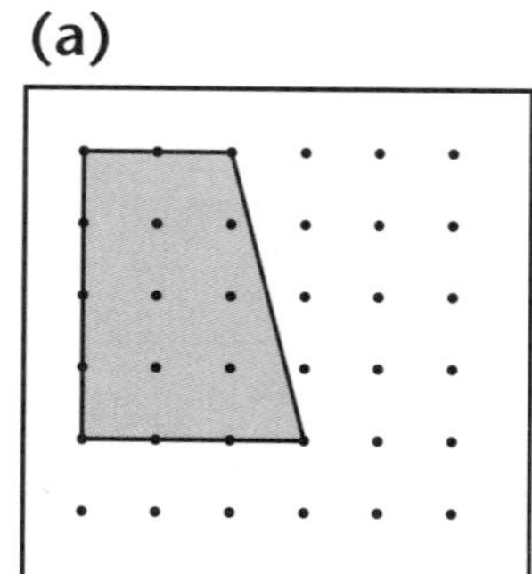
___ ffordd

(b)

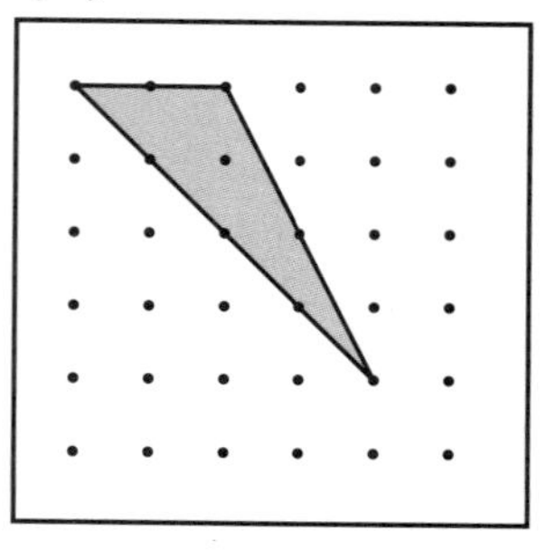
___ ffordd

(c)

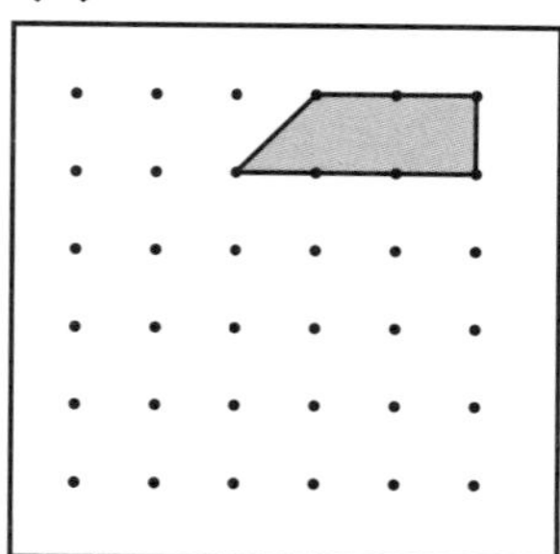
___ ffordd

(ch)

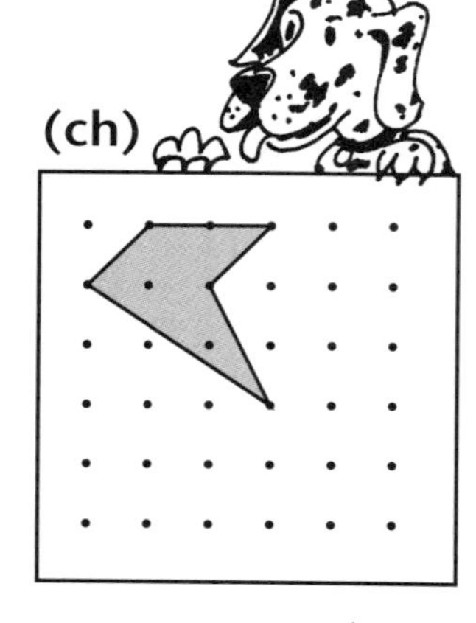
___ ffordd

Er mwyn **trawsfudo** siâp, symudwch ef bellter arbennig i gyfeiriad arbennig. Peidiwch â'i droi na'i adlewyrchu mewn unrhyw ffordd. Mae **trawsfudiad** yn disgrifio symudiad y siâp o ran cyfeiriad a phellter: er enghraifft, mae (⁻5, 4) yn golygu 5 uned i'r chwith a 4 uned i fyny; mae (2, ⁻1) yn golygu 2 uned i'r dde ac 1 uned i lawr.

# Trawsfudo

Trawsffurfio siapiau 2-D drwy ddefnyddio trawsfudiadau syml

**1.** Dilynwch y cyfarwyddiadau i wneud siâp sy'n **brithweithio** pan yw'n cael ei **drawsfudo** dro ar ôl tro.

- ☆ Torrwch siâp syml sy'n brithweithio, megis rhombws neu sgwâr, o gerdyn.
- ☆ Torrwch ddarn i ffwrdd ar un ochr. Trawsfudwch hwn ar draws i'r ochr gyferbyn, ar hyd llinell sy'n baralel i ymyl y siâp. Gludwch ef yn ei le, gan ofalu nad yw'n gorgyffwrdd y siâp gwreiddiol. Gwnewch yr un peth â'r ddwy ochr arall nad ydynt wedi cael eu torri.
- ☆ Yn ofalus, gwnewch amlinelliad o'ch patrymlun a thorri un newydd mewn un darn.
- ☆ Defnyddiwch y patrymlun yma i lunio patrwm sy'n brithweithio.

**Enghraifft:**

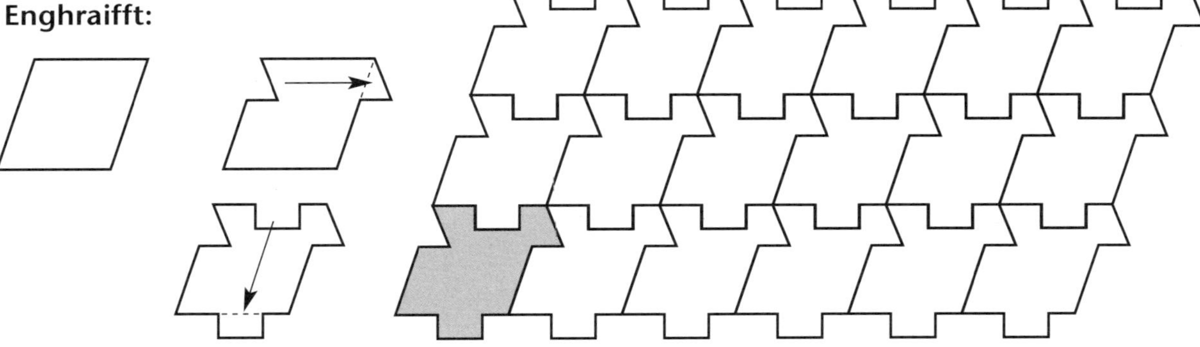

**2.** Ticiwch y siapiau a fydd yn brithweithio pan fyddant yn cael eu trawsfudo dro ar ôl tro.

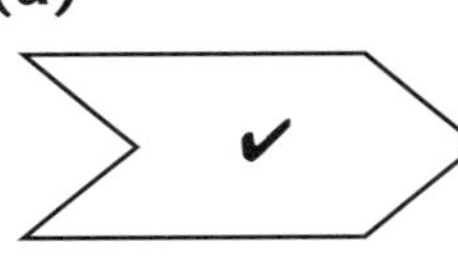

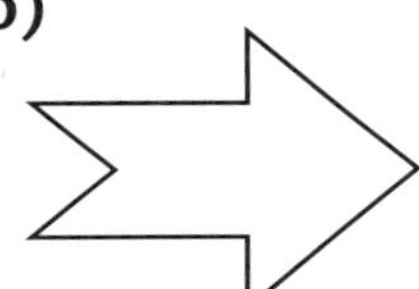

(c)

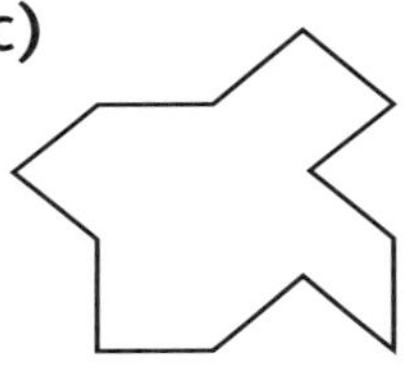

(ch)

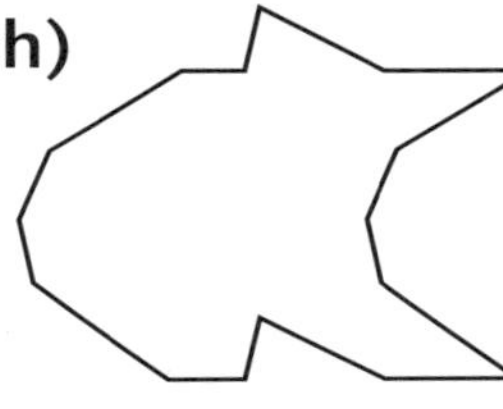

(d)

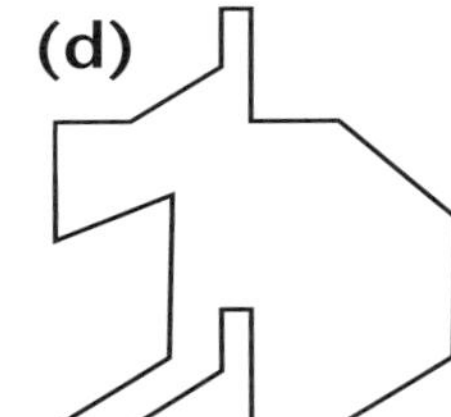

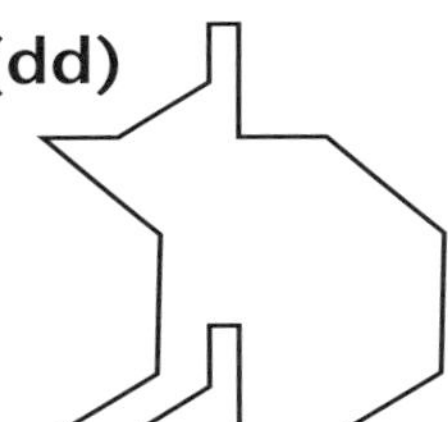

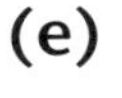

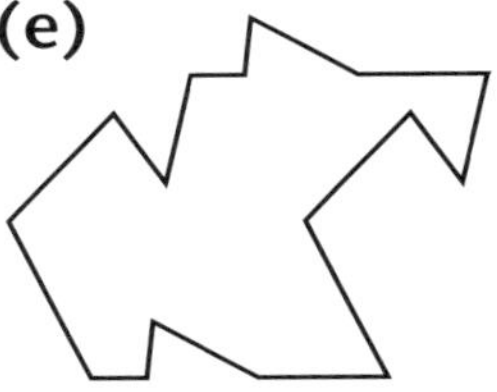

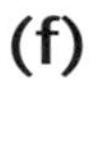

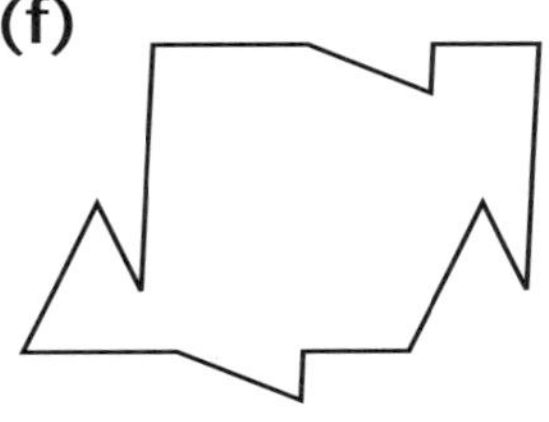

**3.** Defnyddiwch bapur dargopïo i wirio eich atebion i gwestiwn 2.

**RHOWCH GYNNIG ARNI!**

- Ymchwiliwch i ddarganfod pa un o'r priflythrennau bloc hyn fydd yn brithweithio.

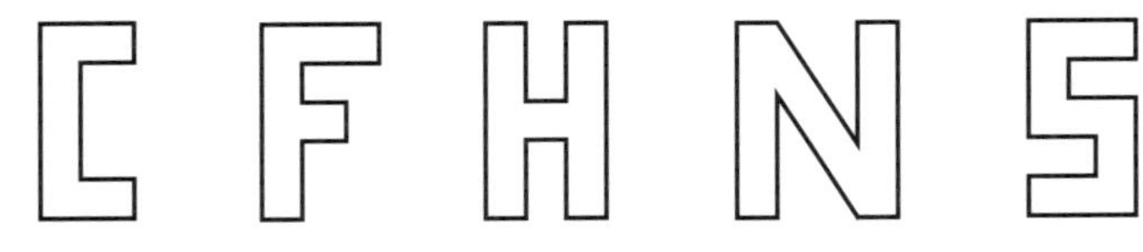

- Gellir defnyddio'r E i wneud brithwaith, ond mae'n golygu cylchdroi neu adlewyrchu yn ogystal â thrawsfudo. Pa rai o'r priflythrennau bloc a ddangosir a fydd yn brithweithio drwy drawsfudiad yn unig?
- Ceisiwch ysgrifennu digidau fel ffigurau bloc. Pa ddigidau a fydd yn brithweithio?

Er mwyn **trawsfudo** siâp, symudwch ef bellter arbennig i gyfeiriad arbennig. Gellir cylchdroi, adlewyrchu neu drawsfudo siâp sy'n **brithweithio** i wneud patrwm lle na cheir unrhyw rannau sy'n gorgyffwrdd na lleoedd gwag rhwng y siapiau. Yn y sialens 'Rhowch gynnig arni!', ceisiwch ysgrifennu'r digidau gan ddefnyddio llinellau llorweddol a fertigol yn unig, fel y rhai a geir ar sgrin cyfrifiannell.

Adnabod holl gymesureddau siapiau 2-D

# Cymesuredd

## A

Cwblhewch y tabl ar gyfer pob siâp.

Cofiwch fod gan siâp **rheolaidd** ochrau hafal ac onglau hafal.

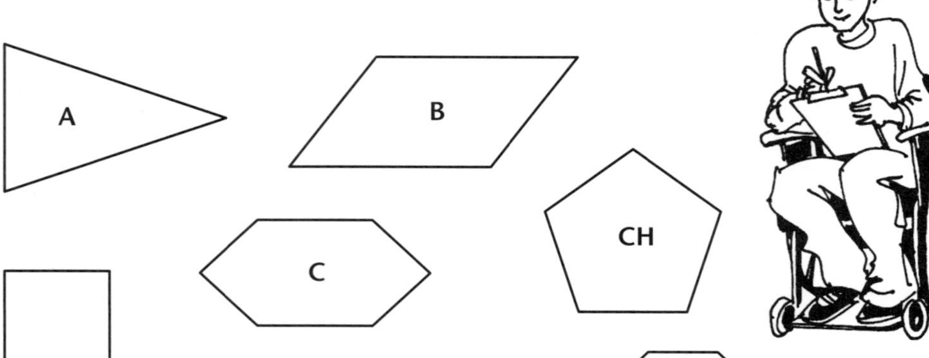

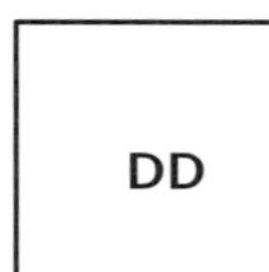


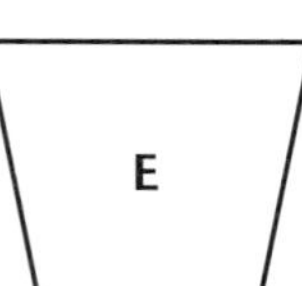


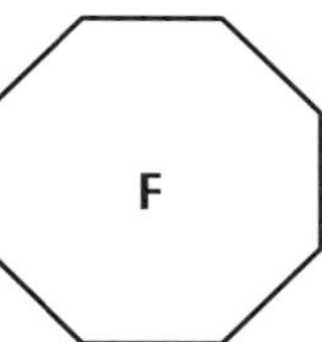


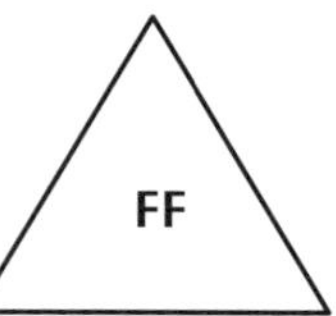

| Siâp | Enw | Nifer yr ochrau | Rheolaidd? | Nifer y llinellau cymesuredd adlewyrchiad | Trefn cymesuredd cylchdro |
|---|---|---|---|---|---|
| A | *triongl isosgeles* | *3* | *na* | *1* | *1* |
| B | | | | | |
| C | | | | | |
| CH | | | | | |
| D | | | | | |
| DD | | | | | |
| E | | | | | |
| F | | | | | |
| FF | | | | | |
| G | | | | | |

## B

Edrychwch ar gymesuredd adlewyrchiad a chymesuredd cylchdro pob un o'r siapiau rheolaidd.

Beth ydych chi'n sylwi arno? ______________________________

______________________________

Edrychwch yn ofalus ar y paralelogram. Os nad ydych yn sicr ynghylch ei linellau cymesuredd, dargopïwch y siâp a thorri o'i amgylch â siswrn, yna ceisiwch ei blygu mewn gwahanol ffyrdd. Er mwyn darganfod y **drefn cymesuredd cylchdro**, dychmygwch eich bod yn troi'r siâp drwy 360° o amgylch ei ganol. Wrth i'r siâp droi, sawl gwaith mae'n ffitio'n union arno'i hun?

# Cymesuredd

Adnabod holl gymesureddau siapiau 2-D

**1.** Chwaraewch y gêm yma gyda phartner. Bydd angen un dis a chownter.

☆ Chwaraewr 1 yw 'cymesuredd cylchdro' a chwaraewr 2 yw 'cymesuredd adlewyrchiad'.
☆ Taflwch y dis yn eich tro. Symudwch y cownter ymlaen ar hyd y trac i lanio ar siâp.
☆ Edrychwch ar y siâp a darganfyddwch ei gymesureddau:
Mae Chwaraewr 1 yn sgorio'r un nifer o bwyntiau â threfn y cymesuredd cylchdro;
Mae Chwaraewr 2 yn sgorio'r un nifer o bwyntiau â nifer y llinellau cymesuredd adlewyrchiad.
☆ Yr enillydd yw'r chwaraewr cyntaf i gyrraedd 20 pwynt.
☆ Chwaraewch y gêm eto gan gyfnewid swyddogaethau.

Chwaraewr 1 ynteu chwaraewr 2 sy'n ennill?

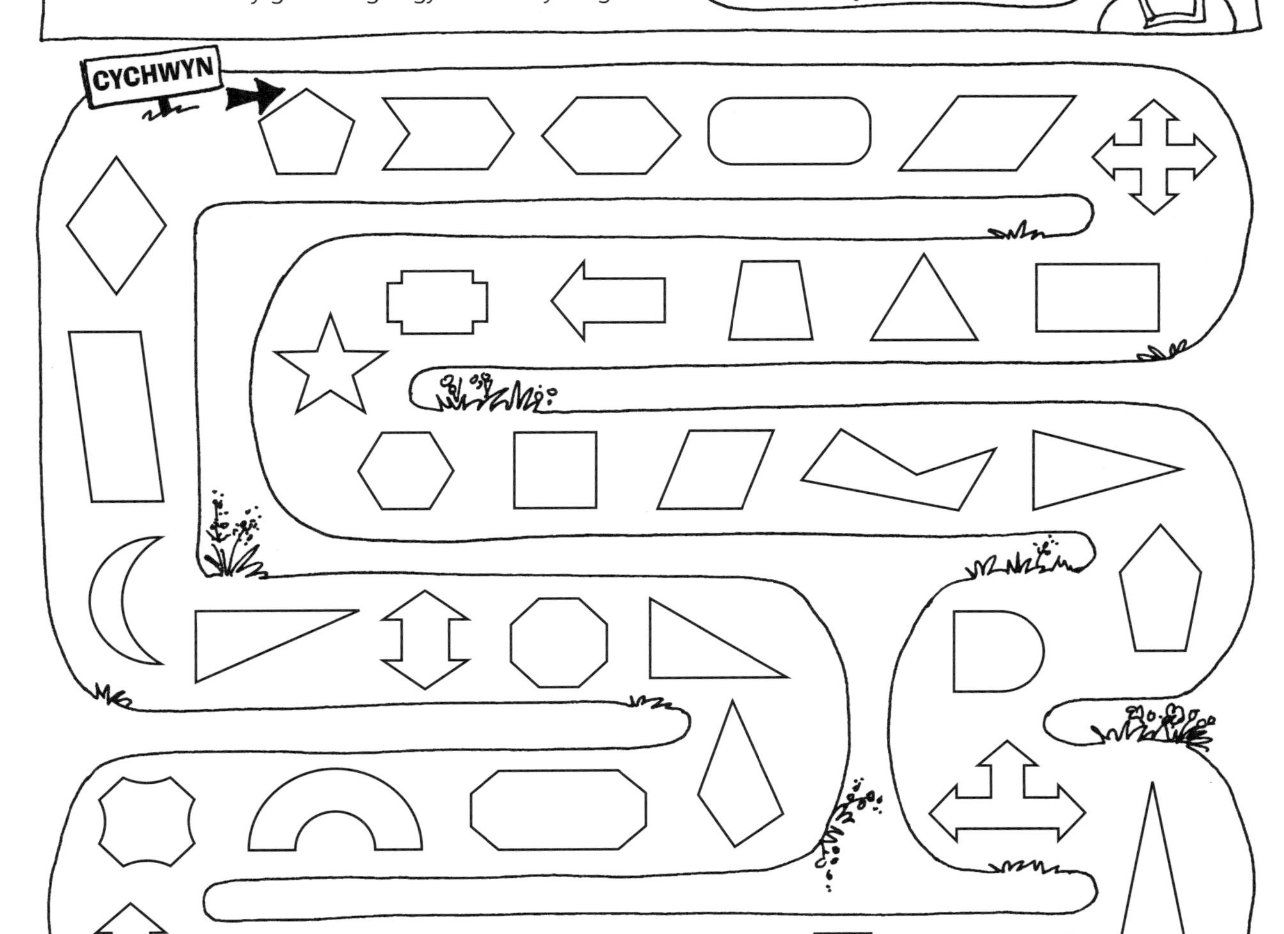


**2.** Mae pump o'r siapiau uchod yn siapiau **rheolaidd**. Lliwiwch nhw.

**RHOWCH GYNNIG ARNI!**

• Pa rai o'r pedrochrau isod: **(a)** sydd â chymesuredd adlewyrchiad bob amser? **(b)** sydd â chymesuredd adlewyrchiad weithiau? **(c)** nad ydynt byth yn cynnwys cymesuredd adlewyrchiad?

• paralelogram • barcud • petryal • trapesiwm • sgwâr
• rhombws • pedrochr nad yw'n perthyn i unrhyw un o'r categorïau uchod

Mae gan siâp **rheolaidd** ochrau hafal ac onglau hafal. Yn y sialens 'Rhowch gynnig arni!', cofiwch fod paralelogram yn unrhyw bedrochr sydd â dau bâr o ochrau paralel. Mae hyn yn cynnwys petryalau, rhombi a sgwariau. Er mwyn darganfod y **drefn cymesuredd cylchdro**, dychmygwch eich bod yn troi'r siâp drwy 360° o amgylch ei ganol. Wrth i'r siâp droi, sawl gwaith mae'n ffitio'n union arno'i hun?

Trawsffurfio siapiau drwy gylchdroi ac archwilio canlyniadau

# Troelli a throelli

## A

**1.** Cylchdrowch bob siâp yn glocwedd drwy'r ongl a roddir, o amgylch y cyfesuryn a ddangosir.

**(a)** Drwy 90° o amgylch (0, 0)

**(b)** Drwy 180° o amgylch (⁻1, ⁻1)

**(c)** Drwy 270° o amgylch (0, ⁻1)

**2.** Petai'r siapiau wedi cael eu cylchdroi yn wrthglocwedd, drwy sawl gradd y byddai pob un ohonynt wedi cael eu troi i gynhyrchu'r un ddelwedd?

**(a)** ________ **(b)** ________ **(c)** ________

## B

Yn y diagram yma, mae llinellau dotiau wedi eu tynnu o'r canol cylchdro (P) i bob un o fertigau'r siâp. Er mwyn cylchdroi'r siâp yn glocwedd drwy 90°, mae llinellau o'r un hyd wedi eu tynnu'n berpendicwlar i'r llinellau hyn.

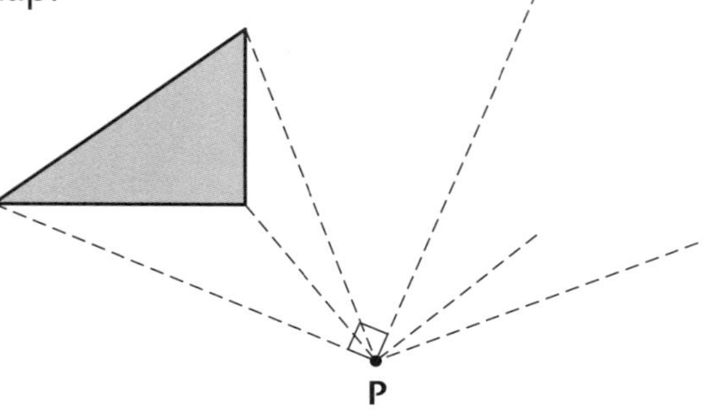


**1. (a)** Cysylltwch ben bob un o'r llinellau i lunio'r ddelwedd.

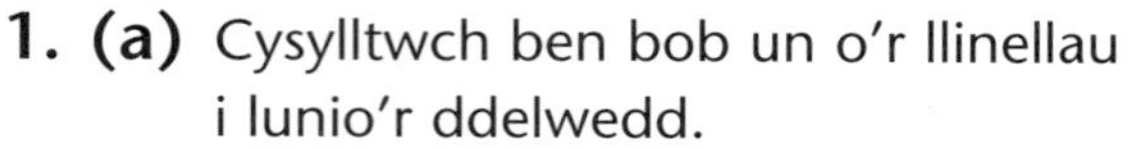

**(b)** Cylchdrowch y ddau siâp yma'n glocwedd drwy 90° o amgylch pwynt P.

**(c)** Cylchdrowch y siâp yma'n glocwedd drwy 180° o amgylch pwynt Q.

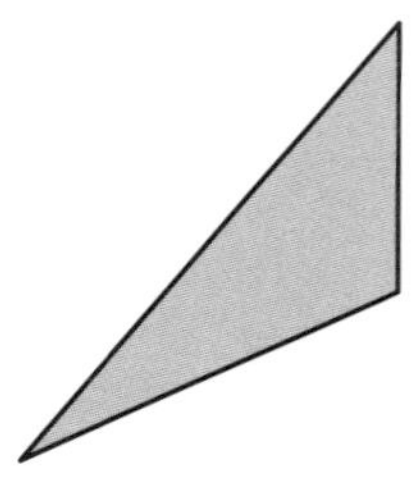

P

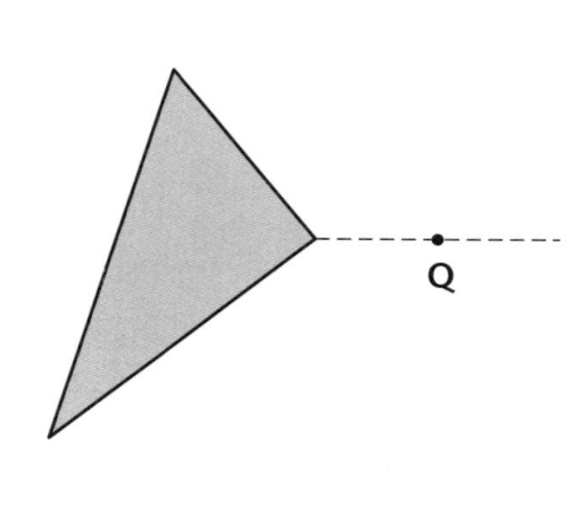


**2.** Rhowch ddot yng nghanol cefn y ddalen hon. Hwn yw'r canol cylchdro. Yna lluniwch driongl bychan. Cylchdrowch y triongl yn glocwedd o amgylch y dot, drwy 70°, 170° a 270°.

Bydd arnoch angen onglydd. **!**

Yn rhan A, labelwch fertigau'r ddelwedd yn A'B'C' ac yn y blaen. Yn rhan B, bydd arnoch angen pren mesur ac onglydd. Er mwyn gwirio eich cylchdroeon, dargopïwch y siâp ac yna, gan ddal blaen eich pensil yn y canol cylchdro, trowch y papur dargopïo i wirio eich delwedd.

# Troelli a throelli

Trawsffurfio siapiau drwy gylchdroi ac archwilio canlyniadau

Mae'r triongl yma wedi cael ei gylchdroi'n glocwedd drwy 180° o amgylch canolbwynt un o'i ochrau. Mae'r ddelwedd a'r siâp gwreiddiol gyda'i gilydd yn ffurfio petryal.

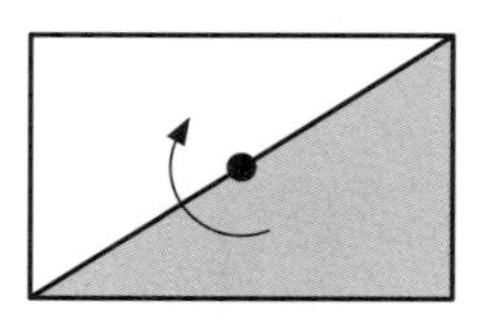

1. Cylchdrowch yr un triongl yn glocwedd drwy 180° o amgylch canolbwynt yr ochr a ddangosir isod. Pa siâp newydd sy'n cael ei ffurfio?

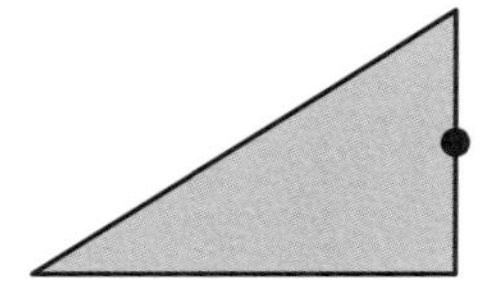

2. Cylchdrowch bob siâp yn glocwedd drwy 180° o amgylch canolbwynt yr ochr a ddangosir. Rhowch enw'r siâp sy'n cael ei lunio gan y siâp gwreiddiol a'i ddelwedd.

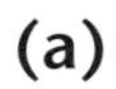
(a)
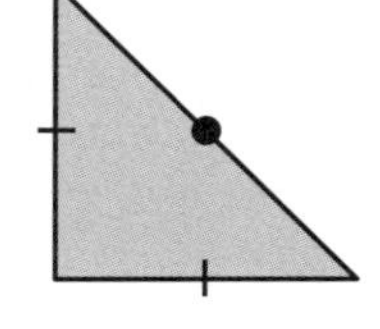

(b)
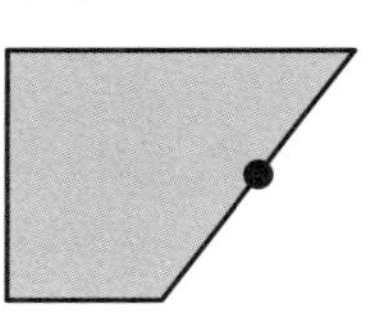

(c)
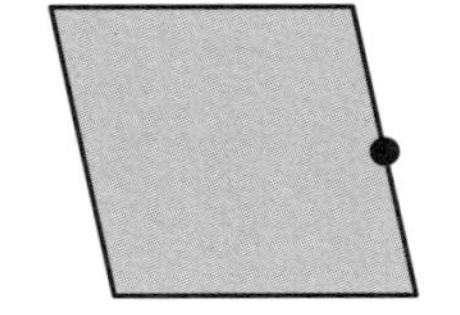

(ch)
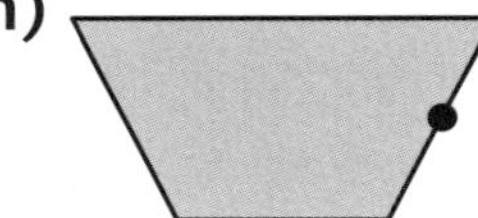

(d)
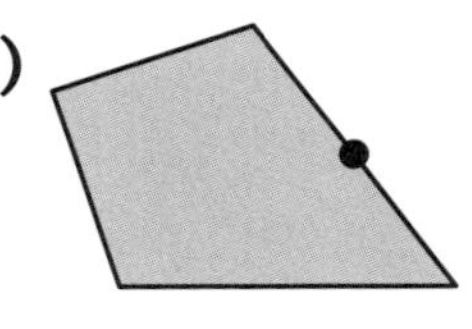

(dd)
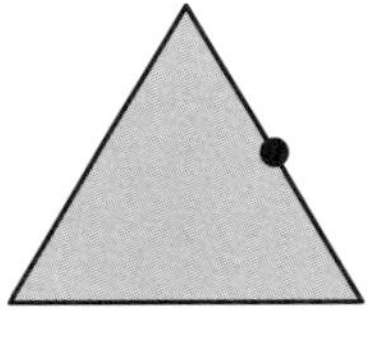

(e)
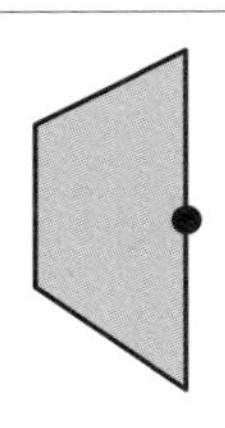

(f)
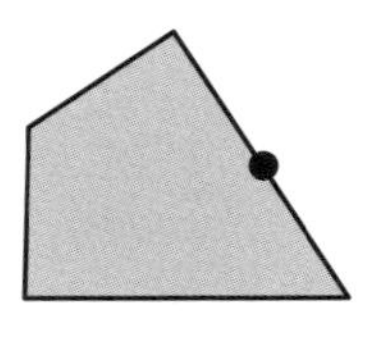

**RHOWCH GYNNIG ARNI!**

- Ar gyfer pob siâp newydd yng nghwestiwn 2 (sy'n cael ei ffurfio gan y siâp gwreiddiol a'i ddelwedd), rhowch y **drefn cymesuredd cylchdro** a nifer y llinellau cymesuredd adlewyrchiad.

Cofiwch, mae'r symbolau —+— neu —++— yn dangos bod llinellau o'r un hyd. Er mwyn gwirio eich cylchdroeon, dargopïwch y siâp ac yna, gan ddal blaen eich pensil yn y canol cylchdro, trowch y papur dargopïo i wirio eich delwedd. Er mwyn darganfod y **drefn cymesuredd cylchdro**, dychmygwch eich bod yn troi'r siâp drwy 360° o amgylch ei ganol. Wrth iddo droi, sawl gwaith mae'n ffitio'n union arno'i hun?

Adnabod a delweddu trawsffurfiadau

# Trawsffurfio

1. (a) Lluniwch adlewyrchiad y siâp yma yn echelin *x*.
   (b) Nawr adlewyrchwch y siâp rydych chi wedi ei lunio yn echelin *y*.
   (c) Cymharwch y siâp gwreiddiol â'r siâp diwethaf y gwnaethoch ei lunio. Beth yw'r trawsffurfiad cywerth sy'n newid y siâp gwreiddiol i roi'r siâp diwethaf?

______________________________

______________________________

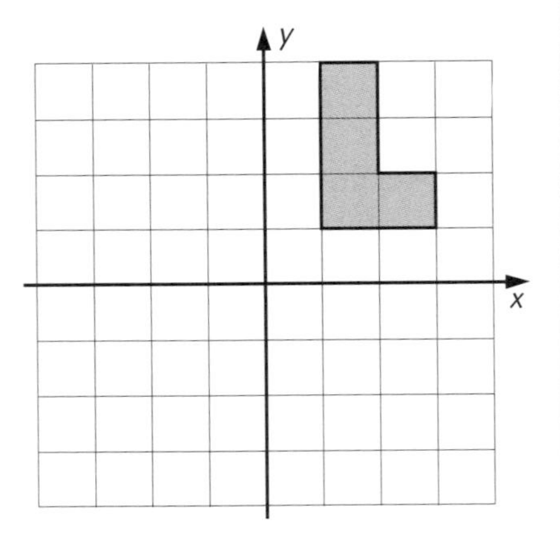


2. (a) Lluniwch adlewyrchiad y siâp yma yn echelin *y*.
   (b) Nawr adlewyrchwch y siâp rydych chi wedi ei lunio yn echelin *x*.
   (c) Cymharwch y siâp gwreiddiol â'r siâp diwethaf y gwnaethoch ei lunio. Beth yw'r trawsffurfiad cywerth sy'n newid y siâp gwreiddiol i roi'r siâp diwethaf?

______________________________

______________________________

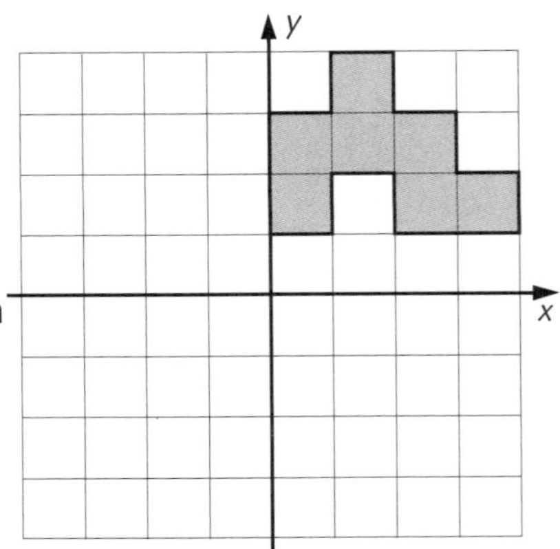


**B**

Ysgrifennwch p'un ai yw pob gosodiad yn gywir ynteu'n anghywir.

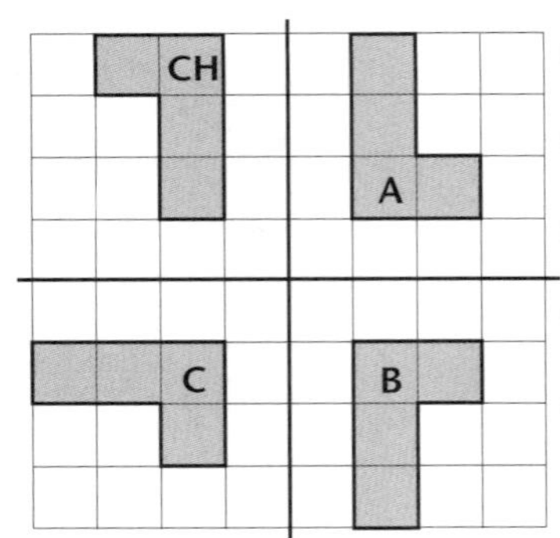


(a) Mae B yn adlewyrchiad o A *cywir*
(b) Mae C yn adlewyrchiad o A ______
(c) Mae CH yn gylchdro o B ______
(ch) Mae C yn gylchdro o B ______
(d) Mae CH yn gylchdro o A ______
(dd) Mae C yn drawsfudiad o A ______

(e) Mae DD yn adlewyrchiad o D ______
(f) Mae E yn gylchdro o DD ______
(ff) Mae E yn gylchdro o D ______
(g) Mae F yn gylchdro o DD ______
(ng) Mae F yn drawsfudiad o DD ______
(h) Mae F yn gylchdro o D ______

Gall **trawsffurfiad** fod yn gylchdro, yn adlewyrchiad, neu'n drawsfudiad. Cofiwch, mae trawsfudiad siâp yn llithro i gyfeiriad penodol am bellter penodol. Nid yw wedi ei adlewyrchu na'i gylchdroi mewn unrhyw ffordd.

# Trawsffurfio

Adnabod a delweddu trawsffurfiadau

**1.** Disgrifiwch y **trawsffurfiad unigol** a fydd yn mapio:

**(a)** A ar B

Cylchdro clocwedd neu wrthglocwedd o amgylch (1, 2), drwy 180°.

**(b)** A ar C

**(c)** A ar CH

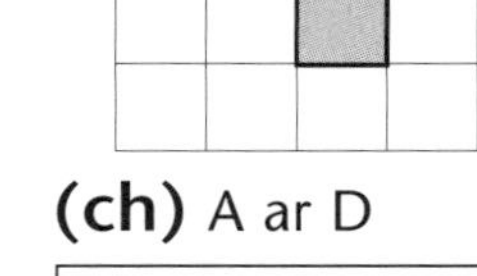

**(ch)** A ar D

**(d)** A ar DD

**(dd)** C ar D

**(e)** B ar DD

**2.** Gellir defnyddio dau drawsffurfiad i fapio un siâp ar un arall. Disgrifiwch ddau drawsffurfiad a fydd yn mapio:

**(a)** DD ar CH Y trawsfudiad (0, -9) ac yna adlewyrchiad yn llinell $x = 0$ (echelin y)

**(b)** C ar DD ______

**(c)** CH ar D ______

**RHOWCH GYNNIG ARNI!**

- Cildrowch bob mapiad yng nghwestiwn 2 i roi'r trawsffurfiadau a fydd yn mapio:

CH ar DD | DD ar C | D ar CH

Gall **trawsffurfiad** fod yn gylchdro, yn adlewyrchiad neu'n drawsfudiad. Ysgrifennwch drawsfudiadau gan ddefnyddio cromfachau: er enghraifft mae ($^-5$, 4) yn golygu symud y siâp 5 uned i'r chwith a 4 uned i fyny. Wrth ysgrifennu cylchdroeon, rhowch y canol cylchdro, y cyfeiriad a maint y troad. Wrth ysgrifennu adlewyrchiadau, rhowch hafaliad y llinell ddrych: er enghraifft, $x = 1$ neu $y = 4$.

Deall helaethiad siapiau 2-D

# Helaethu trionglau

Dilynwch y cyfarwyddiadau i lunio helaethiad o'r triongl yma.

☆ Tynnwch linell ddotiau o bob un o fertigau'r triongl i'r canol helaethiad (pwynt P). Mesurwch a labelwch bob llinell rydych chi'n ei thynnu.

☆ Estynnwch bob llinell ddotiau fel ei bod **ddwywaith** yr hyd gwreiddiol. Cysylltwch bennau'r llinellau dotiau i ddangos y triongl wedi ei helaethu.

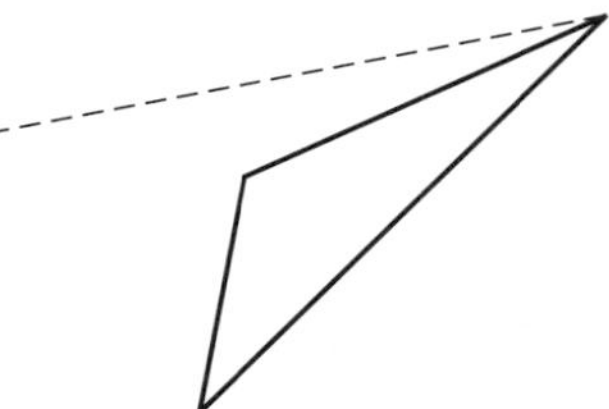


Mae hwn yn helaethiad ffactor graddfa 2, lle mae pob llinell **ddwywaith** ei hyd gwreiddiol.

**1.** Helaethwch bob triongl yn ôl ffactor graddfa o 2. Defnyddiwch y canol helaethiad sydd agosaf ato.

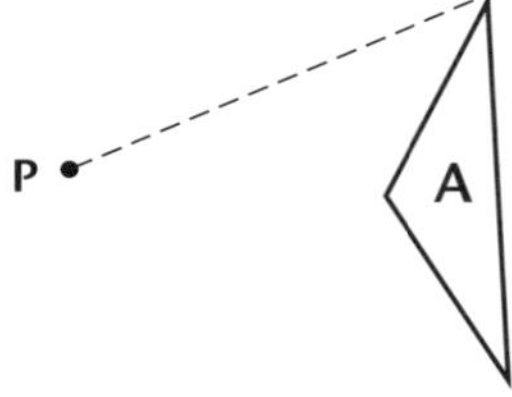


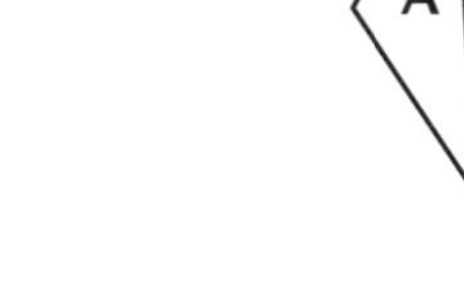

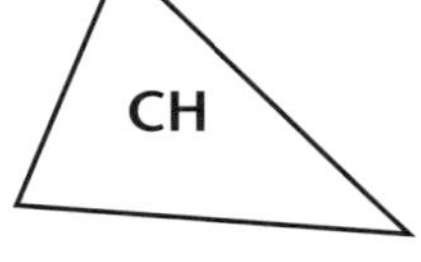


P •

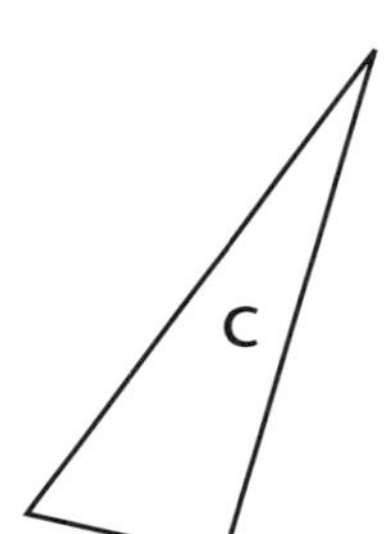


• P

**2.** Mesurwch ochrau pob triongl a'i helaethiad. Cwblhewch y tabl.

| Triongl | Hydoedd yr ochrau | Hydoedd ochrau'r helaethiad |
|---|---|---|
| A | 1.5 cm, 1.5 cm, 2.6 cm | |
| B | | |
| C | | |
| CH | | |

Er mwyn llunio'r **helaethiadau** hyn, mae arnoch angen y **ffactor graddfa** a'r canol helaethiad (a nodir fel arfer â'r llythyren P). Mae'r ffactor graddfa yn dweud wrthych â pha rif y dylech luosi pob hyd: er enghraifft, os yw'r ffactor graddfa yn 4, daw ochr 3 cm yn ochr 12 cm.

# Helaethu trionglau

Deall helaethiad siapiau 2-D

Labelwch bob delwedd.

**1.** Helaethwch $\Delta ABC$:

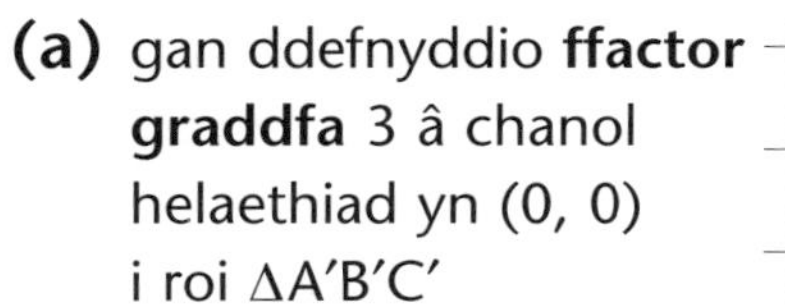

**(a)** gan ddefnyddio **ffactor graddfa** 3 â chanol helaethiad yn (0, 0) i roi $\Delta A'B'C'$

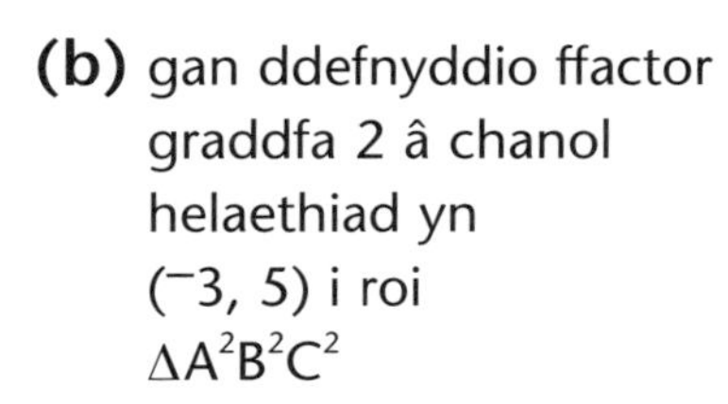

**(b)** gan ddefnyddio ffactor graddfa 2 â chanol helaethiad yn $(^{-}3, 5)$ i roi $\Delta A^2B^2C^2$

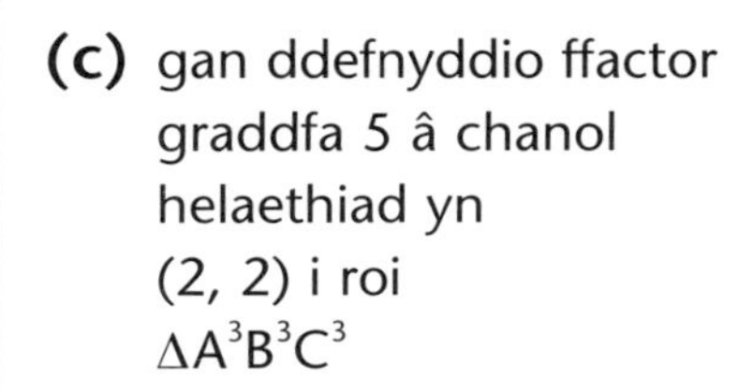

**(c)** gan ddefnyddio ffactor graddfa 5 â chanol helaethiad yn (2, 2) i roi $\Delta A^3B^3C^3$

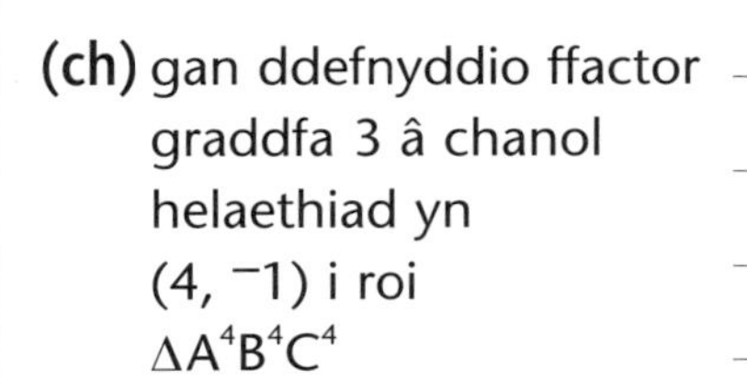

**(ch)** gan ddefnyddio ffactor graddfa 3 â chanol helaethiad yn $(4, {}^{-}1)$ i roi $\Delta A^4B^4C^4$

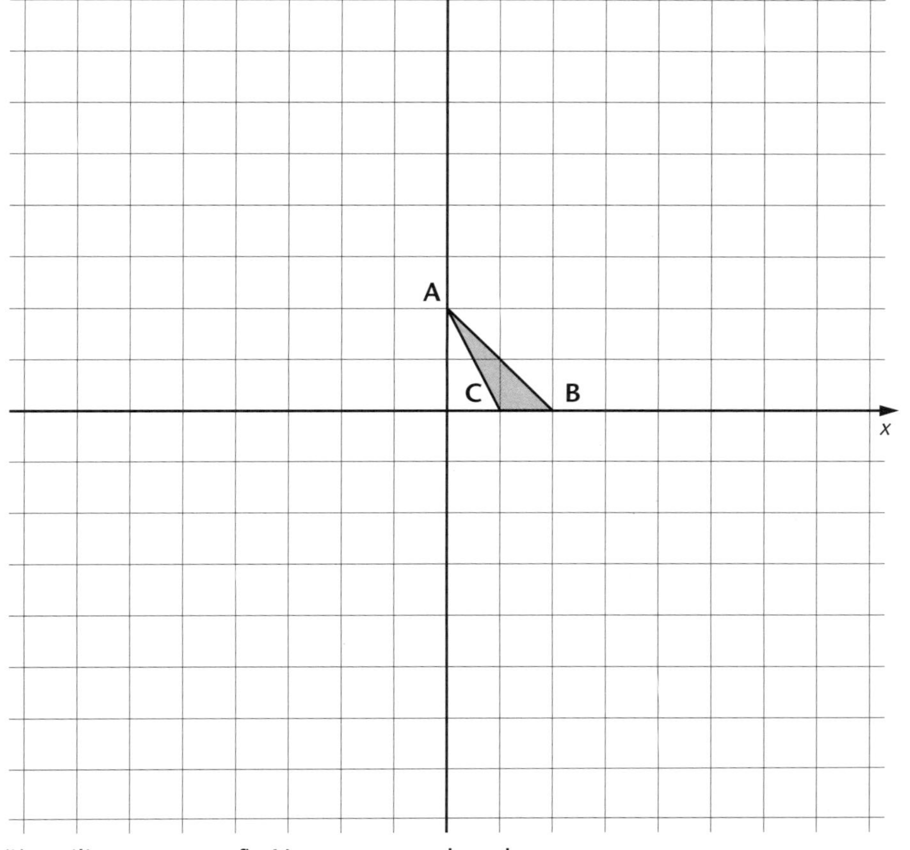


**2.** Mesurwch ochrau $\Delta ABC$ (i'r milimetr agosaf). Yna mesurwch ochrau cyfatebol y pedair delwedd.

| | | |
|---|---|---|
| AB = ________ | BC = ________ | AC = ________ |
| $A'B'$ = ________ | $B'C'$ = ________ | $A'C'$ = ________ |
| $A^2B^2$ = ________ | $B^2C^2$ = ________ | $A^2C^2$ = ________ |
| $A^3B^3$ = ________ | $B^3C^3$ = ________ | $A^3C^3$ = ________ |
| $A^4B^4$ = ________ | $B^4C^4$ = ________ | $A^4C^4$ = ________ |

**3.** Pa rif fyddwch chi'n ei gael os byddwch yn:

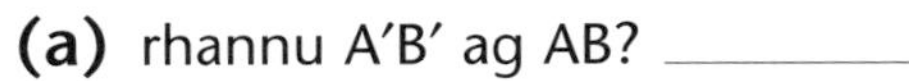

**(a)** rhannu A'B' ag AB? ________

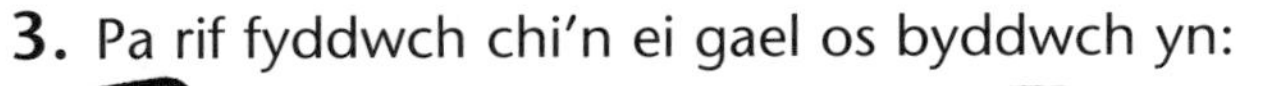

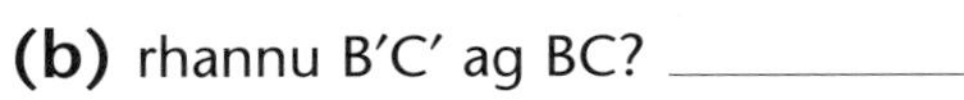

**(b)** rhannu B'C' ag BC? ________

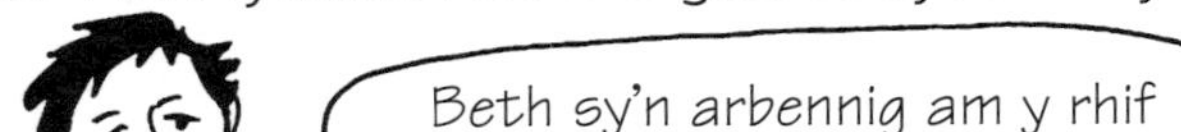

**(c)** rhannu A'C' ag AC? ________

Beth sy'n arbennig am y rhif yma a'r ffactor graddfa?

**RHOWCH GYNNIG ARNI!**

Mae gan driongl DEF ochrau sy'n mesur 13.7 cm, 14.8 cm ac 17.4 cm. Mae'n cael ei helaethu yn ôl ffactor graddfa. Mae ochrau delwedd D'E'F' yn mesur 0.959 m, 1.036 m ac 1.218 m.

- Beth yw ffactor graddfa'r helaethiad? ______
- Mae triongl DEF wedi ei helaethu yn ôl ffactor graddfa $\frac{1}{2}$. Rhowch hydoedd ochrau'r ddelwedd newydd. ________________

Mae'r **ffactor graddfa** yn dweud wrthych â pha rif y dylech luosi pob hyd: er enghraifft, os yw'r ffactor graddfa yn 4, daw ochr â hyd 3 cm yn ochr â hyd 12 cm. Byddwch yn ofalus – gall y gair **helaethiad** fod yn gamarweiniol! Mae ffactor graddfa rhwng 0 ac 1 yn lleihau maint y gwrthrych yn hytrach na'i gynyddu.

# Archwilio helaethiadau

## A

Lluniwch bob un o'r wynebau tsimpansî yma ar bapur sgwariau centimetr. Helaethwch hwy gan ddefnyddio **ffactor graddfa** 3, drwy luosi pob hyd â 3.

Labelwch hydoedd yr helaethiadau.

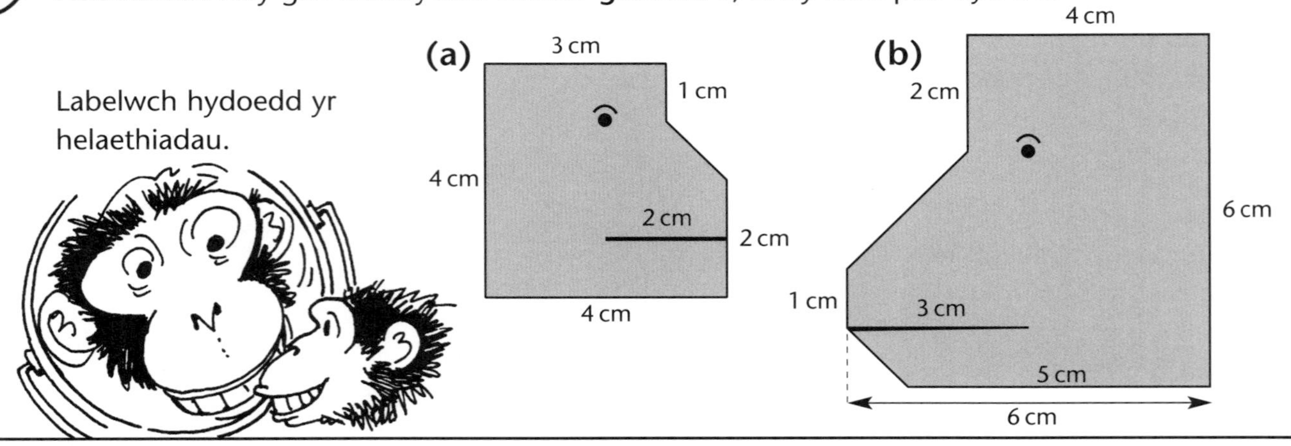


## B

**1.** Mae llun A wedi ei helaethu i roi lluniau B ac C.

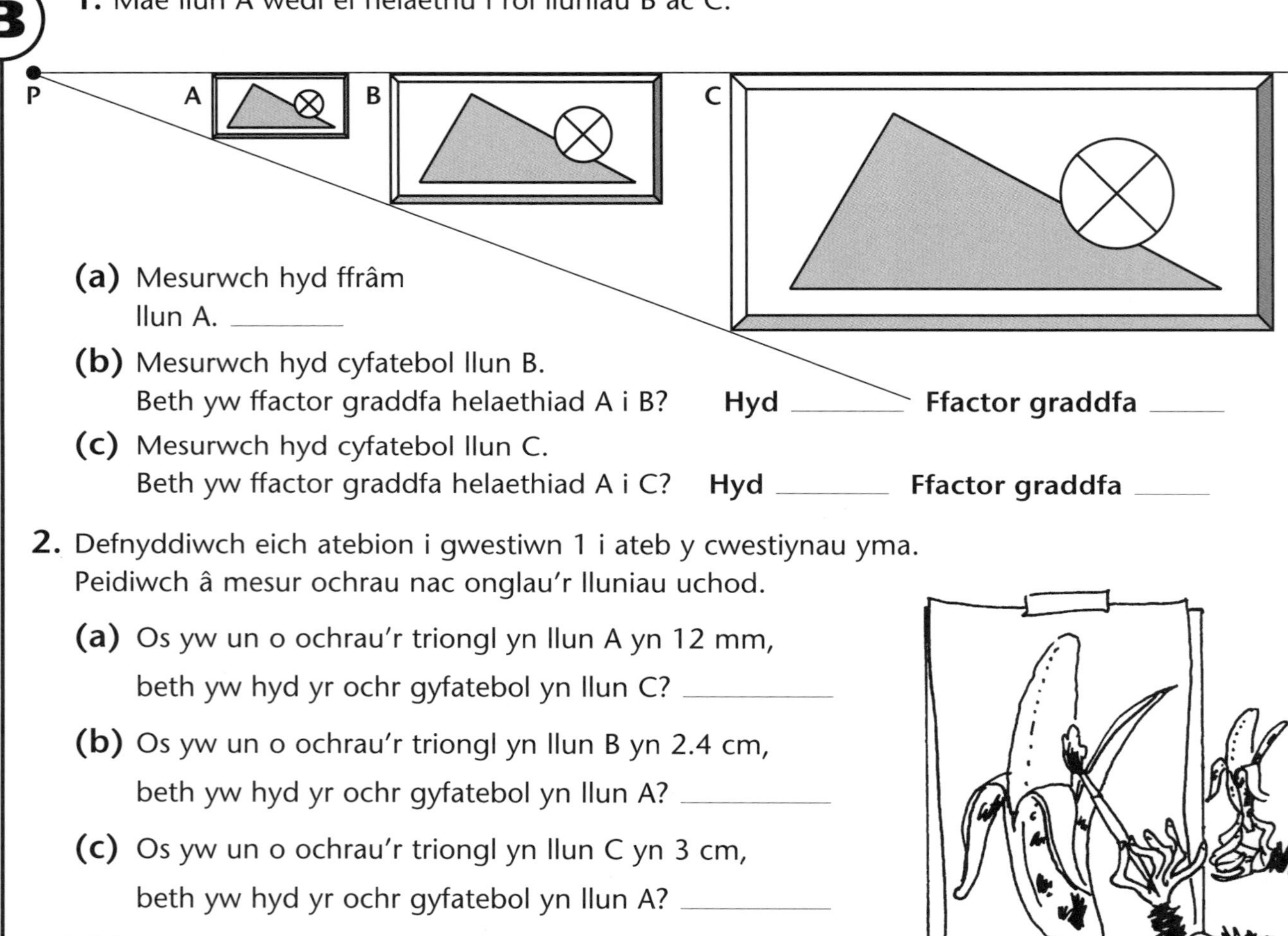


**(a)** Mesurwch hyd ffrâm llun A. ________

**(b)** Mesurwch hyd cyfatebol llun B.
Beth yw ffactor graddfa helaethiad A i B? **Hyd** ________ **Ffactor graddfa** ______

**(c)** Mesurwch hyd cyfatebol llun C.
Beth yw ffactor graddfa helaethiad A i C? **Hyd** ________ **Ffactor graddfa** ______

**2.** Defnyddiwch eich atebion i gwestiwn 1 i ateb y cwestiynau yma.
Peidiwch â mesur ochrau nac onglau'r lluniau uchod.

**(a)** Os yw un o ochrau'r triongl yn llun A yn 12 mm,
beth yw hyd yr ochr gyfatebol yn llun C? ____________

**(b)** Os yw un o ochrau'r triongl yn llun B yn 2.4 cm,
beth yw hyd yr ochr gyfatebol yn llun A? ____________

**(c)** Os yw un o ochrau'r triongl yn llun C yn 3 cm,
beth yw hyd yr ochr gyfatebol yn llun A? ____________

**(ch)** Os yw un o onglau'r triongl yn llun A yn 36°,
beth yw maint yr ongl gyfatebol yn llun C? ____________

**(d)** Os yw un o onglau'r triongl yn llun C yn 101°,
beth yw maint yr ongl gyfatebol yn llun B? ____________

Mae'n bosibl gwneud helaethiadau mewn gwahanol ffyrdd. Ar bapur sgwariau, gallwch luosi hyd pob ochr â'r **ffactor graddfa**. Ffordd arall yw defnyddio canol helaethiad: tynnwch linellau o'r canol helaethiad i bob fertig, a mesurwch y llinellau. Estynnwch y llinellau nes byddant ddwywaith eu hyd yn achos ffactor graddfa 2, deirgwaith eu hyd yn achos ffactor graddfa 3, ac yn y blaen.

# Archwilio helaethiadau

Archwilio helaethiadau siapiau 2-D

**C** Ar bob grid, helaethwch y triongl sydd wedi ei liwio o'r canol helaethiad (P), yn ôl y **ffactor graddfa** a roddir. Lluniwch amlinelliad o'r helaethiad.

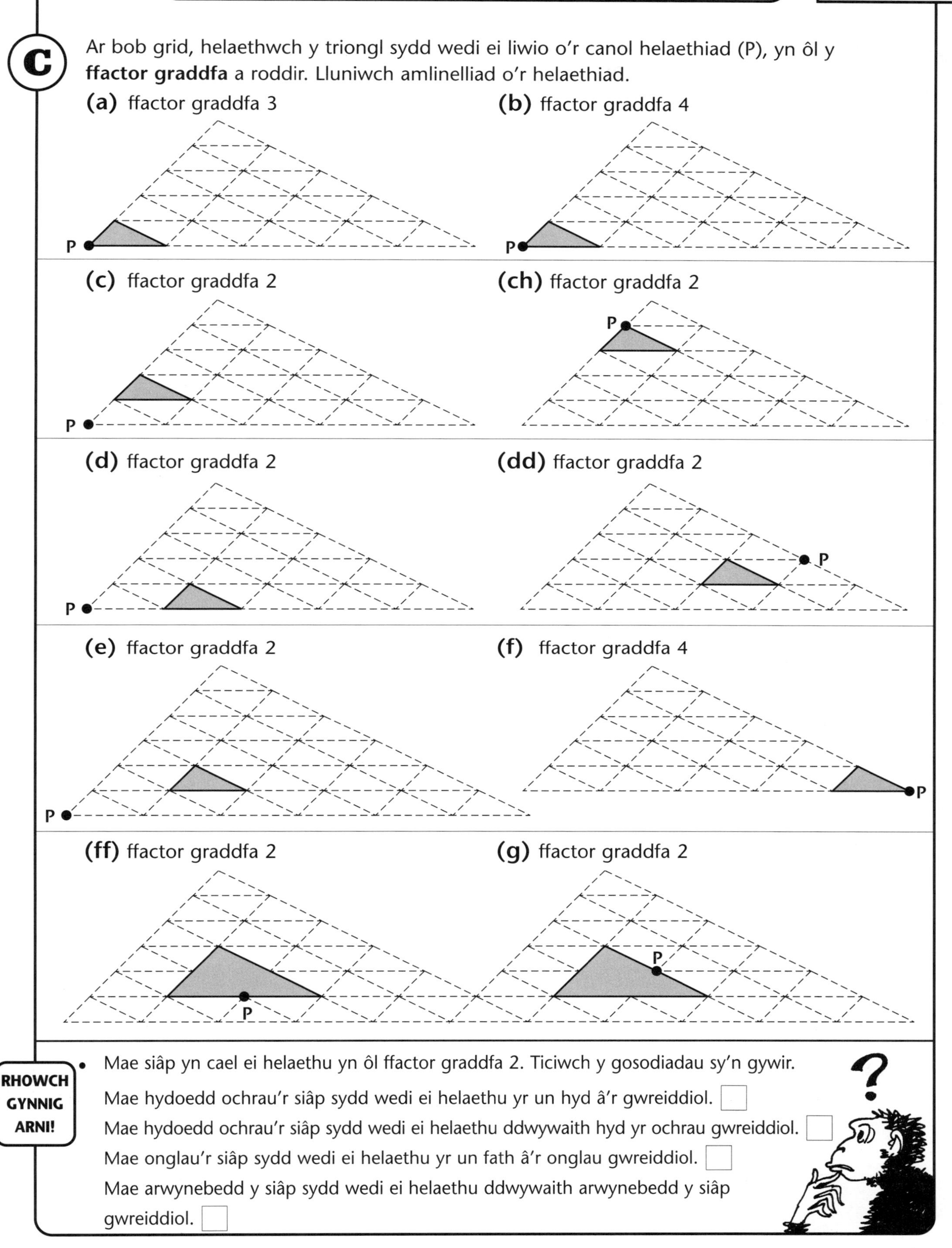


**RHOWCH GYNNIG ARNI!**

- Mae siâp yn cael ei helaethu yn ôl ffactor graddfa 2. Ticiwch y gosodiadau sy'n gywir.

  Mae hydoedd ochrau'r siâp sydd wedi ei helaethu yr un hyd â'r gwreiddiol. ☐

  Mae hydoedd ochrau'r siâp sydd wedi ei helaethu ddwywaith hyd yr ochrau gwreiddiol. ☐

  Mae onglau'r siâp sydd wedi ei helaethu yr un fath â'r onglau gwreiddiol. ☐

  Mae arwynebedd y siâp sydd wedi ei helaethu ddwywaith arwynebedd y siâp gwreiddiol. ☐

Mae'r **ffactor graddfa** yn dweud wrthych â pha rif y dylech luosi pob hyd: er enghraifft, os yw'r ffactor graddfa yn 4, daw ochr â hyd 3 cm yn ochr â hyd 12 cm. Mae'r canol helaethiad fel arfer yn cael ei farcio â'r llythyren P.

Gwneud lluniadau wrth raddfa syml

# Gwneud pethau'n llai

Mae'r llun yma o gae chwarae plant wedi ei lunio wrth raddfa. Mae pob dau gentimetr ar y llun yn cynrychioli un metr mewn gwirionedd (2 cm : 1 m).

**1.** Beth yw uchder/taldra'r canlynol mewn gwirionedd:

**(a)** y ffrâm ddringo? ______ **(b)** y llithren? ______ **(c)** y plentyn? ______

**2.** Beth yw lled y canlynol mewn gwirionedd:

**(a)** y ffrâm ddringo? ______ **(b)** y cae chwarae i gyd? ______ **(c)** y gadair wthio? ______

**3.** Lluniwch y pethau canlynol yn y llun. Defnyddiwch yr un raddfa.

**(a)** coeden sy'n 4 m o uchder mewn gwirionedd **(b)** mainc sy'n 1.4 m o led mewn gwirionedd.

**1.** Darllenwch y disgrifiad yma. Gwnewch luniad wrth raddfa gan ddefnyddio'r raddfa 1 cm : 1.2 m.

Mae uchder polyn telegraff fertigol yn 4.8 m. Mae ysgol 6 m yn cael ei gosod i bwyso yn erbyn pen uchaf y polyn. Mae troed yr ysgol union 3.6 m o droed y polyn.



**2.** Defnyddiwch eich lluniad wrth raddfa i ateb y cwestiynau yma.
Beth yw'r ongl rhwng:

**(a)** yr ysgol a'r llawr? ______

**(b)** yr ysgol a'r polyn? ______

llawr ______________________

Gallech lunio tabl i'ch helpu gyda'r mesuriadau ar gyfer lluniadau wrth raddfa. Ysgrifennwch barau o fesuriadau i ddangos pa wir hydoedd a gynrychiolir gan hydoedd yn y lluniad (er enghraifft 1 cm: 1.2 m, 2 cm : 2.4 m, 3 cm : 3.6 m, ac yn y blaen).

# Gwneud pethau'n llai

Gwneud lluniadau wrth raddfa syml

Mae ystafell wely Nel ar ffurf petryal, ochrau 2.2 m a 3.4 m. Mae ganddi'r dodrefn canlynol yn ei hystafell wely. Uwcholygon yw'r rhain (golygfa o bwynt uwch eu pen) ac nid ydynt wedi eu llunio wrth raddfa.

**Gwely** — 2 m × 1.1 m

**Desg** — 0.6 m × 0.7 m

**Bwrdd erchwyn gwely** — 0.4 m × 0.4 m

**Cist ddroriau** — 0.8 m × 0.4 m

**Silff lyfrau** — 1.2 m × 0.2 m

**Wardrob** — 1.2 m × 0.7 m

**1.** Gwnewch luniad wrth raddfa o ystafell wely Nel gan ddefnyddio'r raddfa 1 cm : 20 cm (0.2 m). Lluniwch ef fel uwcholwg (yr olygfa o bwynt uwchben). Trefnwch y dodrefn o amgylch ymyl yr ystafell a'u labelu.

> **!** Mae amlinelliad o'r ystafell a'r agoriad ar gyfer y drws wedi eu llunio'n barod.

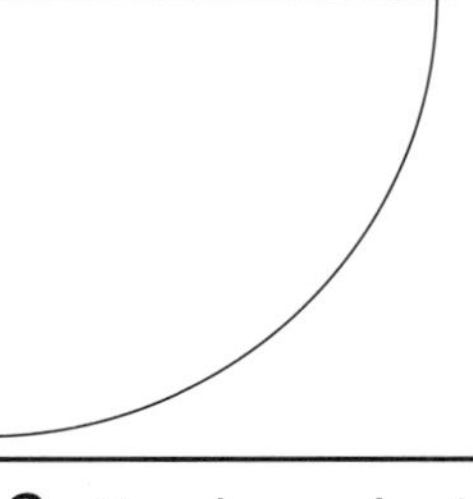

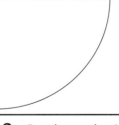

**2.** Cymharwch eich lluniad ag un eich partner.

**(a)** Beth yw arwynebedd yr ystafell mewn gwirionedd? ______________

**(b)** Faint o arwynebedd y llawr sydd wedi ei orchuddio (wrth edrych ar yr ystafell o bwynt uwch ei phen)? ______________

**RHOWCH GYNNIG ARNI!**

- Gwnewch luniad wrth raddfa o uwcholwg o ystafell rydych chi wedi ei mesur, megis eich ystafell wely neu eich ystafell ddosbarth. Cynhwyswch y dodrefn.
- Gwnewch luniad arall gan drefnu'r dodrefn mewn ffordd wahanol.

Gallech lunio tabl i'ch helpu gyda'r mesuriadau ar gyfer lluniadau wrth raddfa. Ysgrifennwch barau o fesuriadau i ddangos pa wir hydoedd a gynrychiolir gan hydoedd yn y lluniad (er enghraifft 1 cm : 0.2 m, 2 cm : 0.4 m, 3 cm : 0.6 m, ac yn y blaen).

Defnyddio cyfesurynnau a rhoi canolbwyntiau segmentau llinell

# Canolbwyntio!

**A** Ysgrifennwch gyfesurynnau'r llythrennau ym mhob pâr. Defnyddiwch linell i gysylltu'r ddau bwynt ar y grid. Nodwch ganolbwynt y llinell a rhowch ei gyfesurynnau.

A 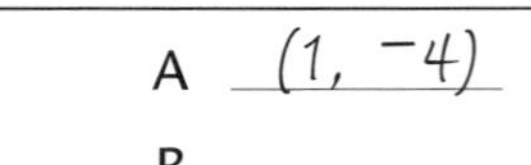 $(1, {}^{-}4)$
B ______
Canolbwynt ______

C ______
CH ______
Canolbwynt ______

D ______
DD ______
Canolbwynt ______

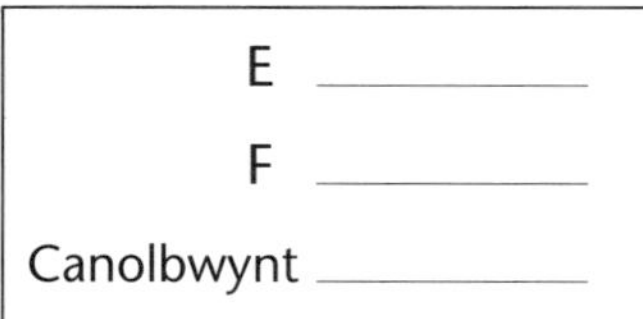

E ______
F ______
Canolbwynt ______

FF ______
G ______
Canolbwynt ______

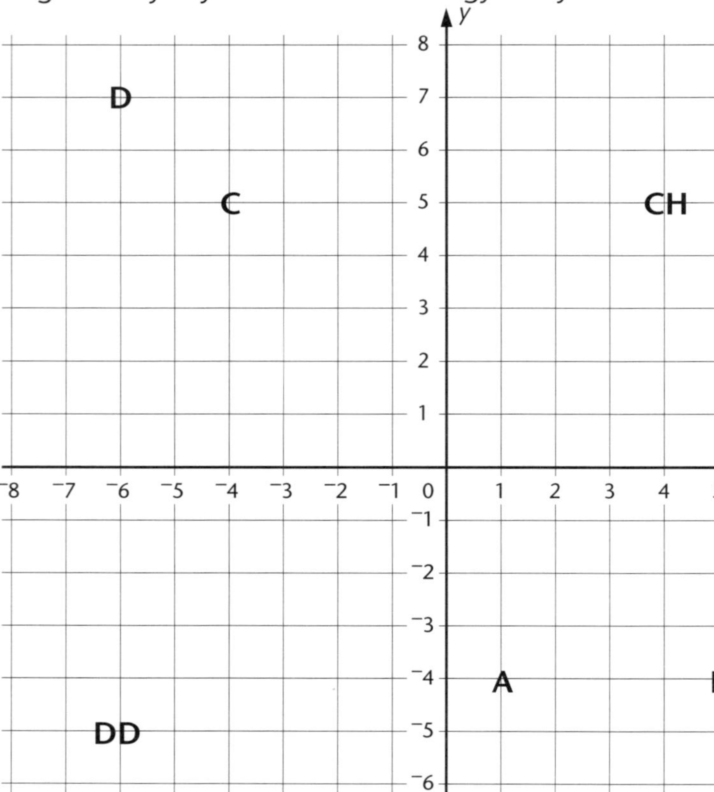

**B** **1.** Heb blotio'r cyfesurynnau yma ar grid, darganfyddwch gyfesurynnau canolbwynt (M) llinell PQ. Dyma gyfesurynnau P a Q:

**(a)** P(4, 6) Q(4, 0) M(___, ___) **(b)** P(2, 7) Q(6, 7) M(___, ___)

**(c)** P($^{-}$2, 0) Q($^{-}$2, $^{-}$8) M(___, ___) **(ch)** P($^{-}$4, $^{-}$1) Q(0, $^{-}$1) M(___, ___)

**(d)** P(3, $^{-}$2) Q(3, 2) M(___, ___) **(dd)** P($^{-}$1, 8) Q(7, 8) M(___, ___)

**(e)** P($^{-}$4, $^{-}$5) Q($^{-}$4, $^{-}$3) M(___, ___) **(f)** P($^{-}$2, $^{-}$7) Q(8, $^{-}$7) M(___, ___)

**2.** Lluniwch grid cyfesurynnau a labelwch yr echelinau $^{-}$8 i 8. Plotiwch bwyntiau P a Q a thynnwch y llinellau. Nodwch ganolbwynt pob llinell a gwiriwch eich atebion.

Mewn pâr o gyfesurynnau fel (3, 4) y rhif cyntaf yw'r cyfesuryn *x*. Mae'n dweud wrthych sawl uned ar draws sydd raid symud. Yr ail rif yw'r cyfesuryn *y*. Mae'n dweud wrthych sawl uned i fyny neu i lawr sydd raid symud o sero.

# Canolbwyntio!

Defnyddio cyfesurynnau a rhoi canolbwyntiau segmentau llinell

**C**

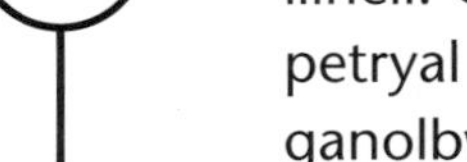

**1.** Plotiwch bob pâr o bwyntiau ar y grid a'u cysylltu â llinell. Croeslin petryal yw'r llinell hon. Lluniwch y petryal ac ysgrifennwch ei ddimensiynau. Nodwch ganolbwynt y groeslin a rhowch ei gyfesurynnau.

Bydd rhai petryalau yn gorgyffwrdd.

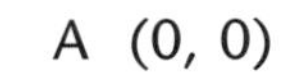

A (0, 0)
B (8, 4)
Canolbwynt ______

C (⁻8, ⁻8)
CH (⁻4, ⁻4)
Canolbwynt ______

D (⁻3, 1)
DD (3, 7)
Canolbwynt ______

E (⁻2, ⁻1)
F (8, ⁻7)
Canolbwynt ______

FF (⁻7, ⁻8)
G (⁻1, ⁻6)
Canolbwynt ______

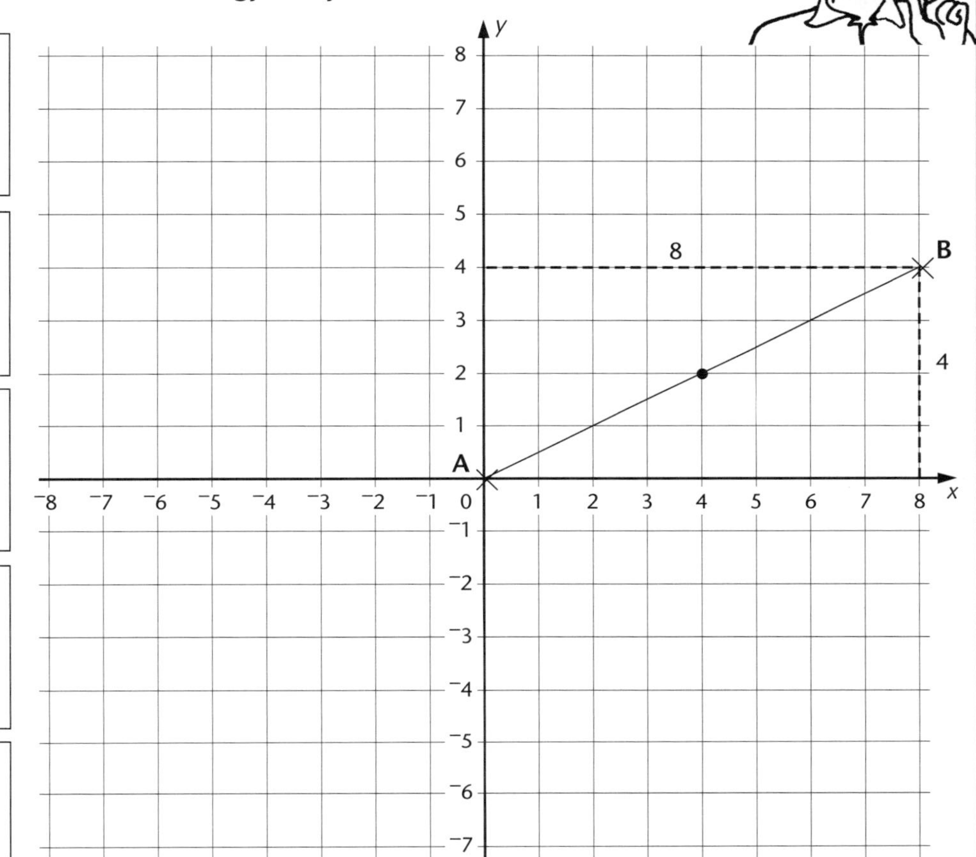


**2.** Darllenwch y fformiwla hon i ddarganfod cyfesurynnau canolbwynt llinell.

Yn achos y segment llinell AB sy'n cysylltu A $(x_1, y_1)$ â B $(x_2, y_2)$:

- Cyfesuryn-*x* y canolbwynt yw $\frac{1}{2}(x_1 + x_2)$
- Cyfesuryn-*y* y canolbwynt yw $\frac{1}{2}(y_1 + y_2)$

Defnyddiwch y fformiwla i wirio eich atebion i gwestiwn 1.

**RHOWCH GYNNIG ARNI!**

- Defnyddiwch y fformiwla i ddarganfod cyfesurynnau canolbwynt (M) llinell PQ, os yw cyfesurynnau P a Q yn:

  **(a)** P(⁻5, 3) Q(7, 7) **(b)** P(⁻4, ⁻5) Q(2, 7)
- Gwiriwch eich atebion drwy blotio'r pwyntiau ar grid.
- Gwnewch bedwar pâr o gyfesurynnau eich hun. Darganfyddwch y canolbwyntiau.

Mewn pâr o gyfesurynnau fel (3, 4) y rhif cyntaf yw'r cyfesuryn *x*. Mae'n dweud wrthych sawl uned ar draws sydd raid symud. Yr ail rif yw'r cyfesuryn *y*. Mae'n dweud wrthych sawl uned i fyny neu i lawr sydd raid symud o sero.

Defnyddio cwmpas i lunio llinellau ac onglau

# Hwyl wrth haneru

Er mwyn dwyrannu llinellau ac onglau yn fanwl gywir, mae arnoch angen pren mesur a chwmpas.

Defnyddiwch y pren mesur i dynnu llinellau syth, nid i fesur.

Lluniwch ganolbwynt a haneryddd perpendicwlar y llinellau yma. Lluniwch arc o bob pen o'r llinell. Mae'r arcau yn croesi ei gilydd mewn dau bwynt. Cysylltwch y pwyntiau hyn.

Rhaid i'r ddwy arc fod o'r un maint. Gofalwch fod y radiws yn fwy na hanner hyd y llinell.

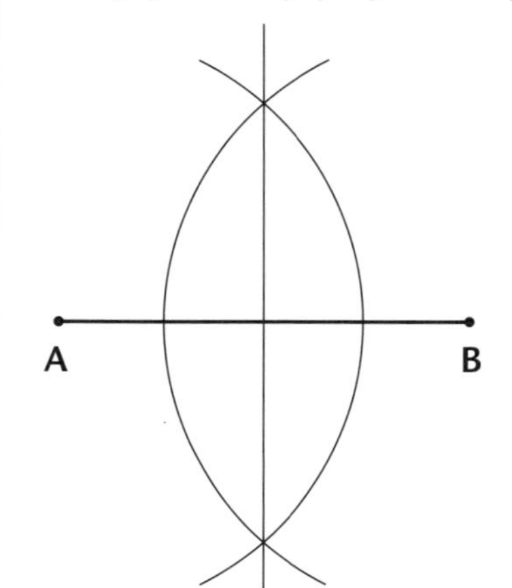


D DD

C CH

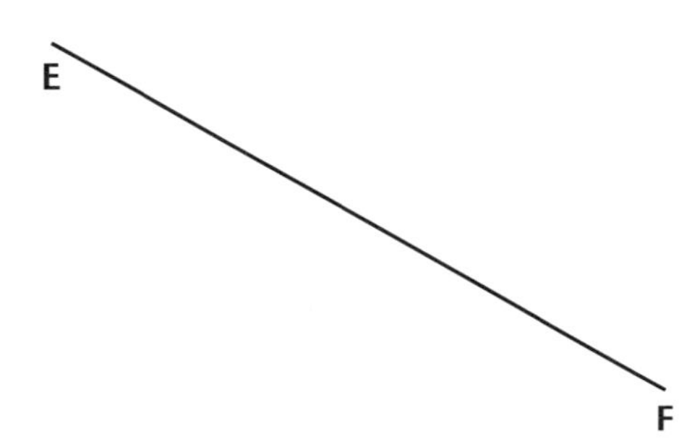


G

FF

Defnyddiwch gwmpas i lunio **haneryddd** pob un o'r onglau yma.

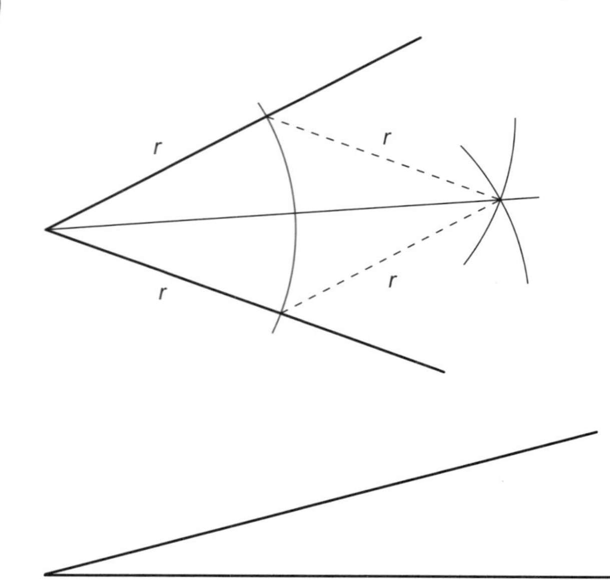


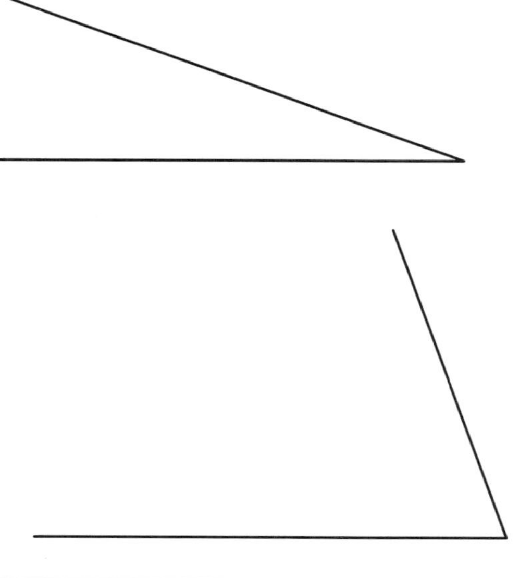

Mae **haneryddd perpendicwlar** llinell yn rhannu'r llinell yn ddwy ran hafal. Yn rhan A, mae angen ichi osod eich cwmpas fel bo'r radiws yn fwy na hanner hyd y llinell. Mae **haneryddd** ongl yn rhannu'r ongl yn ddwy ran hafal. Yn rhan B, mae *r* ar y diagram yn dangos maint y radiws.

# Hwyl wrth haneru

Defnyddio cwmpas i lunio llinellau ac onglau

Mae croesliniau rhombws yn **berpendicwlar**.
Er mwyn llunio rhombws lle rhoddir hyd yr ochrau ac un groeslin:

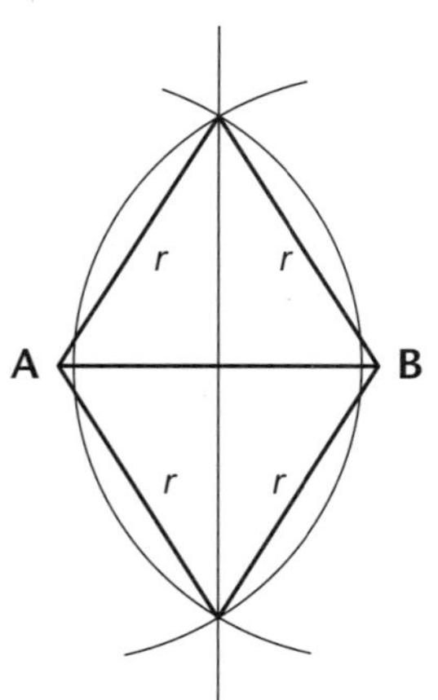


- ☆ Dechreuwch â'r groeslin (AB).
- ☆ Agorwch eich cwmpas fel y bo'r radiws (*r*) yr un hyd â'r ochrau a roddir. Lluniwch **hanerydd perpendicwlar** y groeslin.
- ☆ Tynnwch linellau syth i gysylltu A a B â'r pwyntiau lle mae'r arcau yn croesi ei gilydd. Gwiriwch eich bod wedi llunio rhombws.

Lluniwch rombws â'r ochrau canlynol:

**(a)** 4 cm

A B

**(b)** 3.8 cm

A B

**(c)** 3.6 cm

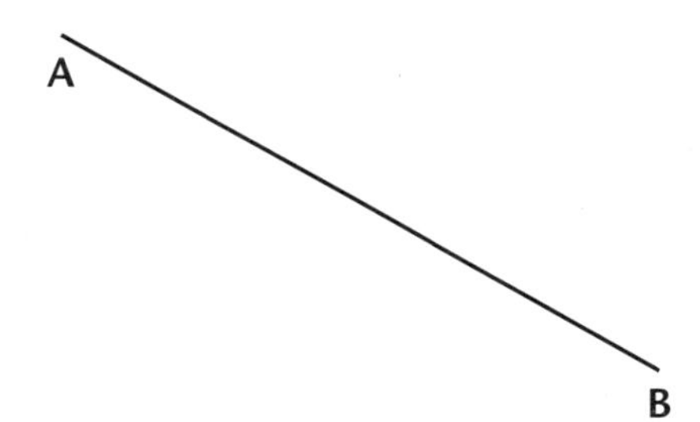


**(ch)** 3.4 cm

B
A

RHOWCH GYNNIG ARNI!

- Mae gan rombws un groeslin sy'n mesur 5 cm. Lluniwch rombi ar bapur i ddarganfod hyd y groeslin arall, os yw ochrau'r rhombi yn:

**(a)** 3 cm **(b)** 4 cm **(c)** 5 cm **(ch)** 6 cm **(d)** 7 cm **(dd)** 8 cm

Cofiwch fod **perpendicwlar** yn golygu 'yn ffurfio ongl sgwâr â'. Mae **hanerydd perpendicwlar** llinell yn rhannu'r llinell yn ddwy ran hafal. Er mwyn llunio **hanerydd perpendicwlar** llinell, lluniwch arcau o'r un faint o ddau ben llinell. Mae'r arcau yn croesi ei gilydd mewn dau bwynt. Cysylltwch y ddau bwynt yma.

Defnyddio cwmpas i lunio llinellau ac onglau

# Manwl gywirdeb am byth!

Er mwyn tynnu **llinellau perpendicwlar** yn fanwl gywir, mae arnoch angen pren mesur a chwmpas.

Defnyddiwch y pren mesur i dynnu llinellau syth, nid i fesur.


Ym mhob diagram, tynnwch linell berpendicwlar o'r pwynt i'r segment llinell agosaf. Gosodwch y cwmpas ar radiws sefydlog a lluniwch dair arc: un arc fawr o'r pwynt, a dwy arc lai o groestoriadau'r arc gyntaf a'r llinell.

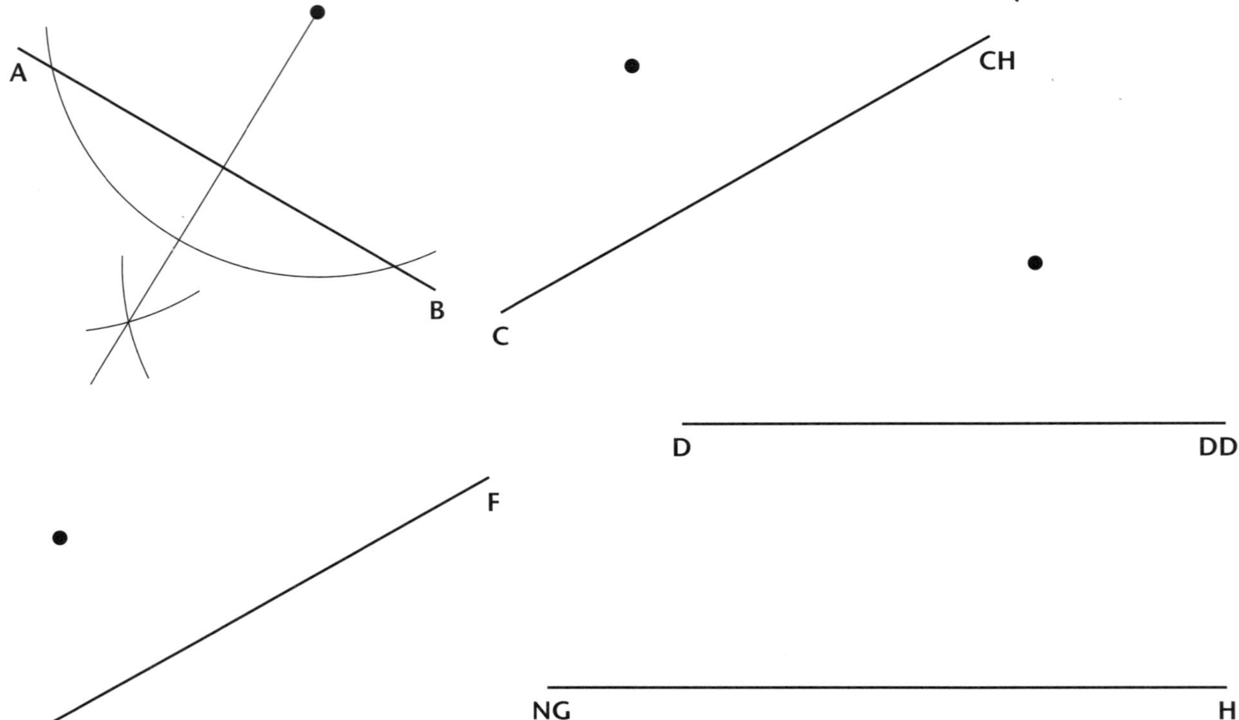

Lluniwch y **perpendicwlar** o bwynt P ar y llinell. Yn gyntaf defnyddiwch gwmpas i farcio dau bwynt ar y llinell sy'n **gytbell** o P. Yna agorwch eich cwmpas yn fwy eto. Lluniwch ddwy arc o bob un o'r pwyntiau hyn. Cysylltwch groestoriadau'r arcau.

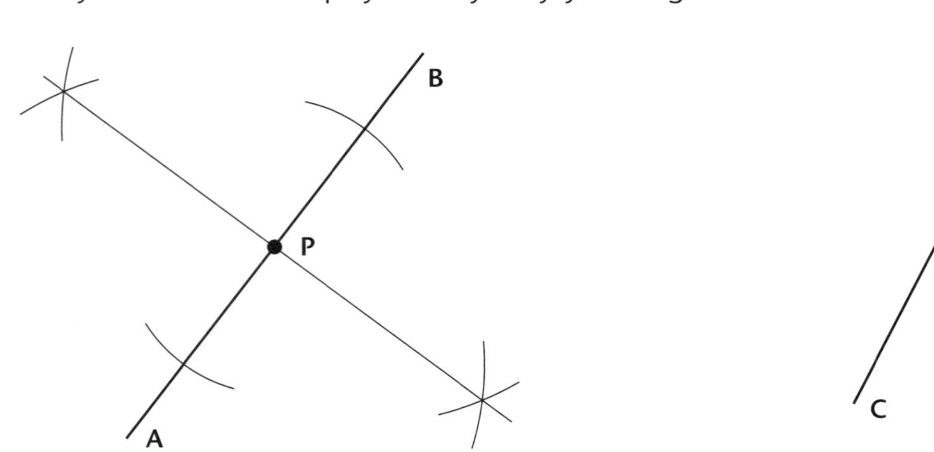


D

P

C

Mae llinellau **perpendicwlar** yn ffurfio ongl sgwâr â'i gilydd. Yn rhan A, mae angen ichi agor eich cwmpas yn fwy na'r pellter perpendicwlar o'r pwynt i'r llinell. Gofalwch fod yr arc gyntaf rydych chi'n ei llunio yn croesi'r llinell mewn dau bwynt. Mae **cytbell** yn golygu 'yr un pellter o…'.

# Manwl gywirdeb am byth!

Defnyddio cwmpas i lunio llinellau ac onglau

**C**

Gellir darganfod arwynebedd triongl drwy ddefnyddio'r fformiwla:

Arwyebedd = $\frac{1}{2} s \times u$ lle mae $s$ yn cynrychioli'r sail ac $u$ yr **uchder perpendicwlar**.

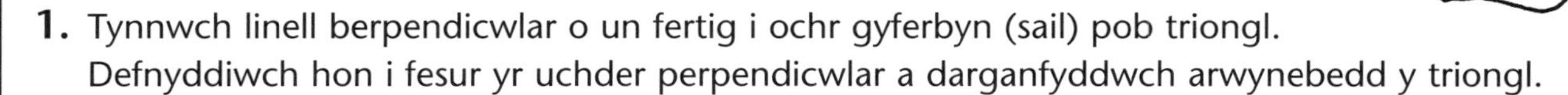

**1.** Tynnwch linell berpendicwlar o un fertig i ochr gyferbyn (sail) pob triongl. Defnyddiwch hon i fesur yr uchder perpendicwlar a darganfyddwch arwynebedd y triongl.

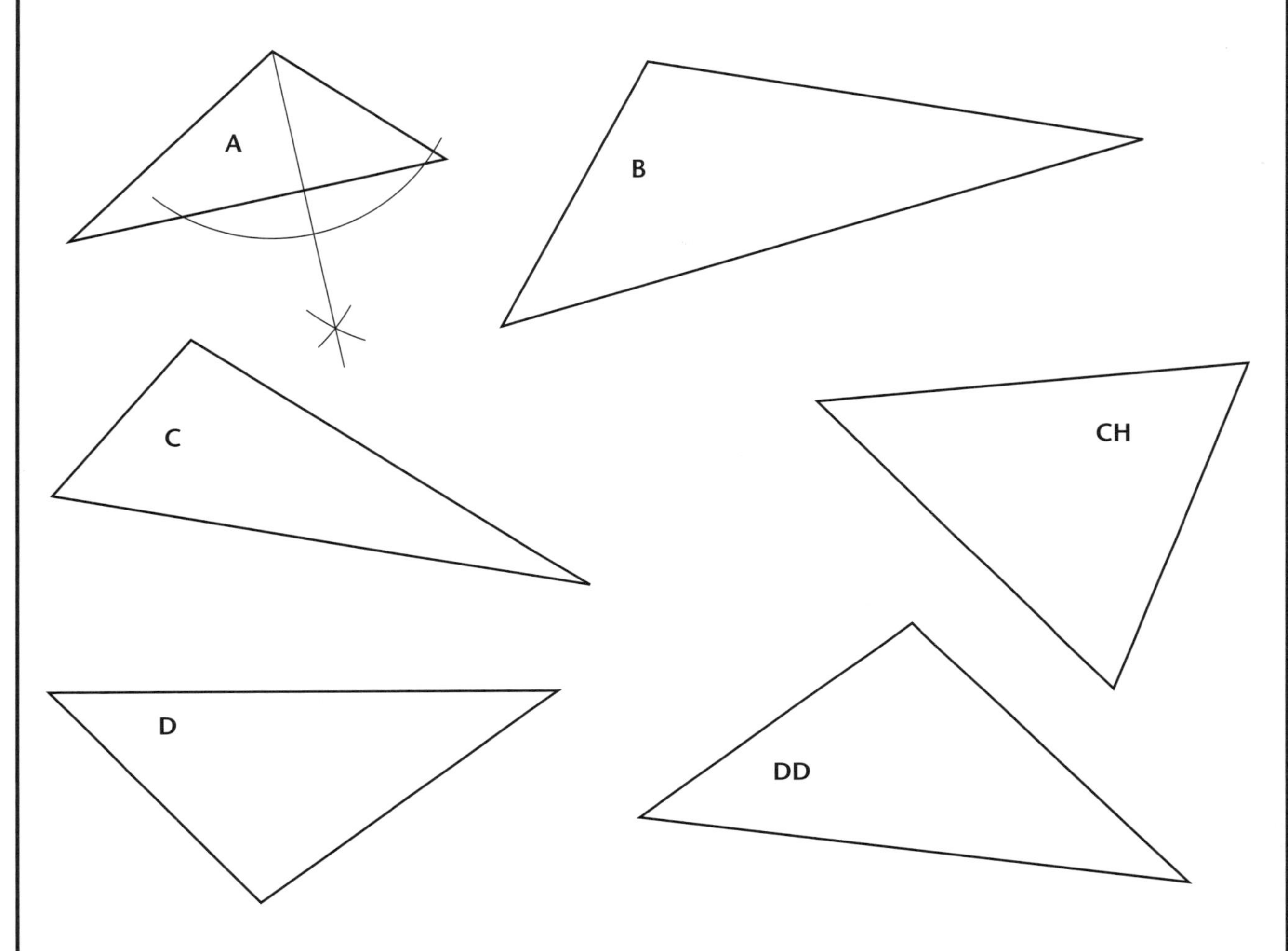


**Arwynebedd A =** ____________ **Arwynebedd B =** ____________ **Arwynebedd C =** ____________

**Arwynebedd CH =** ____________ **Arwynebedd D =** ____________ **Arwynebedd DD =** ____________

**2.** Cymharwch eich arwynebeddau â rhai eich partner. Ydyn nhw'r un fath?

**RHOWCH GYNNIG ARNI!**

- Pa rai o'r mathau hyn o bedrochrau sydd bob amser â dwy groeslin berpendicwlar?

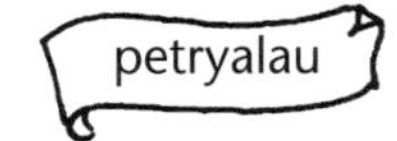


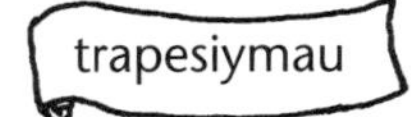

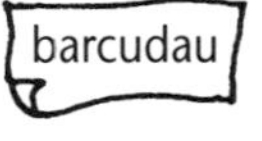


- Er mwyn gwirio eich ateb, lluniwch o leiaf chwe phâr o segmentau llinell paralel. Cysylltwch y pwyntiau, ben wrth ben, i lunio pedrochrau.

Mae llinellau **perpendicwlar** yn ffurfio ongl sgwâr â'i gilydd. **Uchder perpendicwlar** triongl yw hyd llinell perpendicwlar o sail y triongl i'r fertig gyferbyn. Pan ydych yn defnyddio'r fformiwla, cofiwch nad hyd cyfan y llinell berpendicwlar rydych chi wedi ei llunio yw $u$; yn hytrach dyma'r hyd o'r fertig i sail y triongl.

Llunio trionglau o wybod y tair ochr (Ochr Ochr Ochr)

# Lluniadau

## A

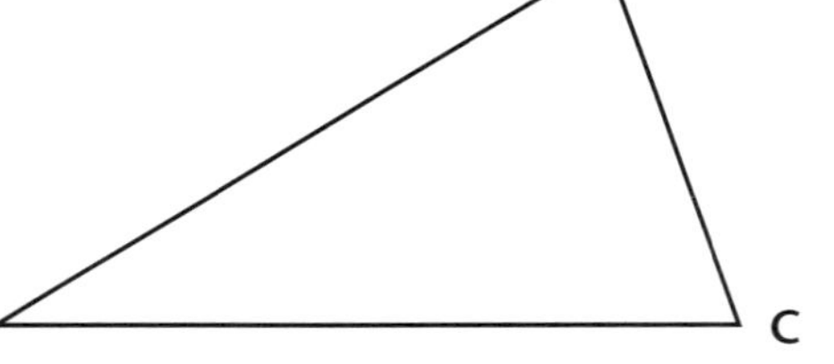


**1.** Yn y diagram yma, mesurwch: ochr AB = ________

ochr BC = ________

ochr CA = ________

**2.** Lluniwch a labelwch driongl i gyd-fynd â phob disgrifiad. Defnyddiwch bren mesur a chwmpas.

**(a)**

ochr AB = 5 cm
ochr BC = 4 cm
ochr CA = 6 cm

A C

**(b)**

ochr DE = 5 cm
ochr EF = 6 cm
ochr FD = 7 cm

**(c)**

ochr GH = 5.3 cm
ochr HJ = 4.2 cm
ochr JG = 4.5 cm

**(ch)**

ochr KL = 5.8 cm
ochr LM = 3.2 cm
ochr MK = 5.4 cm

**(d)**

ochr NP = 5.6 cm
ochr PQ = 3.2 cm
ochr QN = 3.2 cm

**(dd)**

ochr RS = 3.8 cm
ochr ST = 5.9 cm
ochr TR = 4.6 cm

## B

Defnyddiwch onglydd i fesur onglau eich trionglau.

**(a)** ∠CAB = ________
∠ABC = ________
∠BCA = ________

**(b)** ∠FDE = ________
∠DEF = ________
∠EFD = ________

**(c)** ∠JGH = ________
∠GHJ = ________
∠HJG = ________

**(ch)** ∠MKL = ________
∠KLM = ________
∠LMK = ________

**(d)** ∠QNP = ________
∠NPQ = ________
∠PQN = ________

**(dd)** ∠TRS = ________
∠RST = ________
∠STR = ________

Er mwyn llunio'r trionglau hyn, lluniwch un ochr o'r hyd cywir. Yna gosodwch radiws eich cwmpas fel ei fod yn mesur hyd ochr arall a lluniwch arc, gyda'r cwmpas wedi ei leoli ar un pen i'r llinell. Gwnewch yr un peth eto ar gyfer trydedd ochr y triongl ym mhen arall y llinell. Y pwynt lle mae'r ddwy arc yn croesi yw trydydd fertig eich triongl.

# Lluniadau

Llunio trionglau o wybod y tair ochr (Ochr Ochr Ochr)

Bydd arnoch angen pren mesur a chwmpas.

1. Lluniwch rwyd fanwl gywir ar gyfer tetrahedron rheolaidd ag ymylon sy'n mesur:

**(a)** 4 cm **(b)** 3 cm

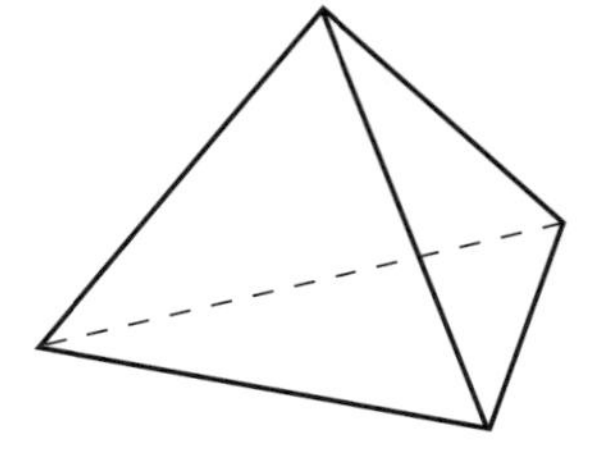

2. Lluniwch rwyd fanwl gywir ar gyfer pyramid sylfaen sgwâr. Dylai ymylon y sgwâr fesur 2 cm a dylai'r ymylon sy'n goleddu fod yn 3 cm.

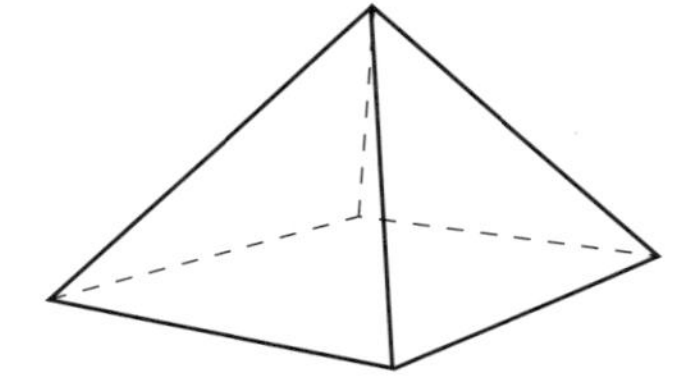

Gallwch ddefnyddio onglydd wrth lunio'r sylfaen.

**RHOWCH GYNNIG ARNI!**

Mae croestoriad y prism trionglog yma yn driongl anghyfochrog, ochrau 3 cm, 5 cm a 6 cm. Mae hyd y prism yn 10 cm.

- Ar gerdyn tenau, lluniwch rwyd y prism. Cyn torri o amgylch y rhwyd â siswrn, gweithiwch yn glocwedd o amgylch yr amlinelliad, gan ychwanegu tab at bob yn ail ymyl. Lluniwch y prism trionglog drwy blygu'r rhwyd a gludio'r tabiau.

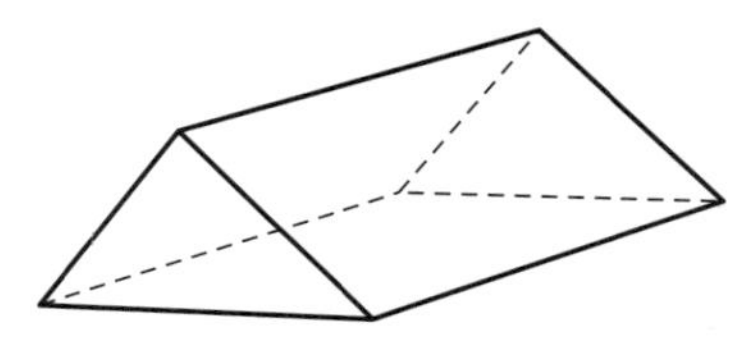

Mae gan **detrahedron rheolaidd** bedwar wyneb unfath. Mae pob wyneb yn **driongl hafalochrog**. Er mwyn llunio rhwydi manwl gywir, gofalwch eich bod yn defnyddio pensil â blaen da arni ac edrychwch i lawr ar y pren mesur neu'r onglydd o bwynt yn union uwch ei ben.

Darganfod locysau syml

# Edrych ar locysau

Defnyddiwch bren mesur a chwmpas i lunio'r llwybrau yma.

**(a)** Lluniwch lwybr blaen yr ail weipar car.

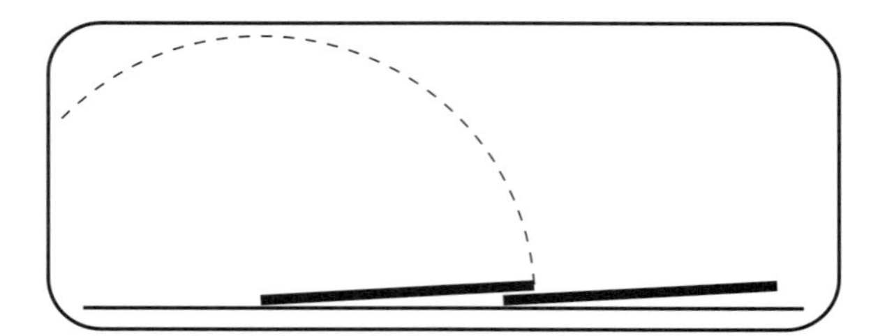

**(b)** Lluniwch lwybr y pendil sy'n siglo y tu mewn i'r cloc yma.

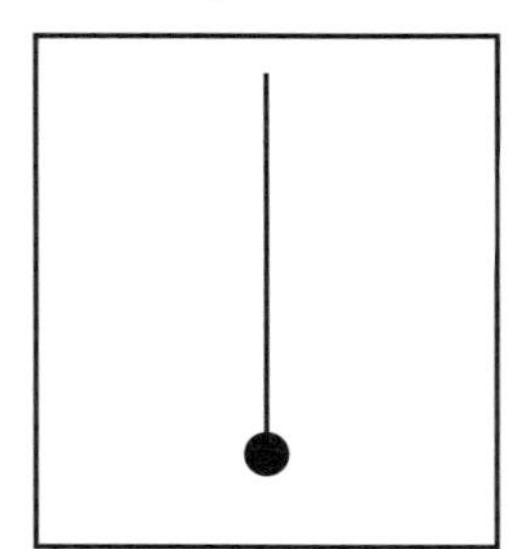

**(c)** Lluniwch lwybr malwen sy'n symud yn syth o A i B i C.

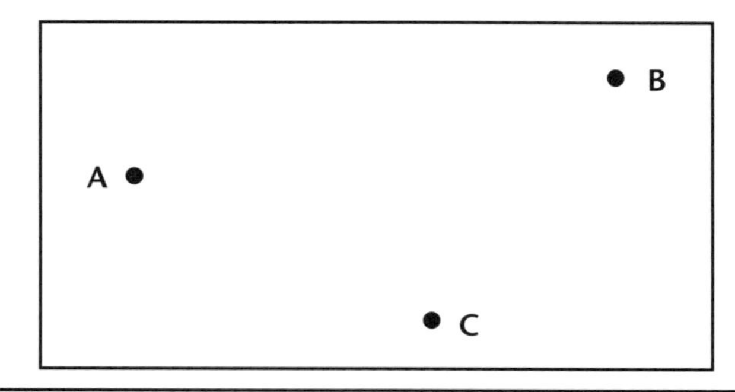


**(ch)** Lluniwch lwybr robot symudol sy'n cadw'r un mor bell o rwystr M ag o rwystr N.

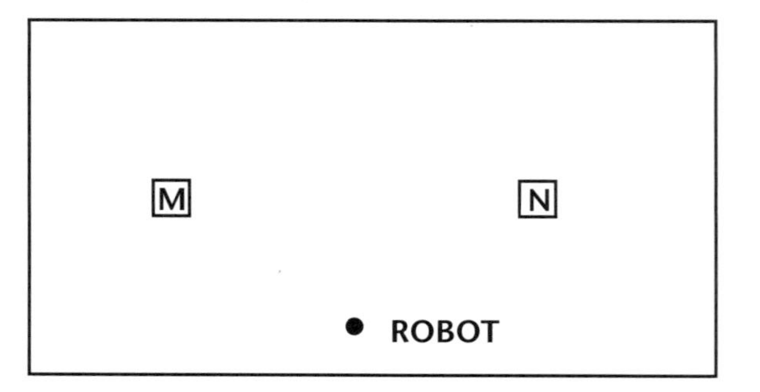


**B** Cysylltwch bob disgrifiad â diagram sy'n cyfateb iddo. Ysgrifennwch y llythyren gywir yn y bocs.

1. Mae'r llinell ddotiau yma'n dangos llwybr blaen llafn siswrn.  C

2. Mae'r llinell ddotiau yma'n dangos llwybr robot sy'n cadw'r un mor bell o ddwy linell.

3. Mae'r llinell ddotiau yma'n dangos llwybr awyren sy'n cadw'r un mor bell o ddau adeilad.

4. Mae'r llinell ddotiau yma'n dangos llwybr ymyl drws sy'n cael ei agor, a welir o bwynt uwchben.

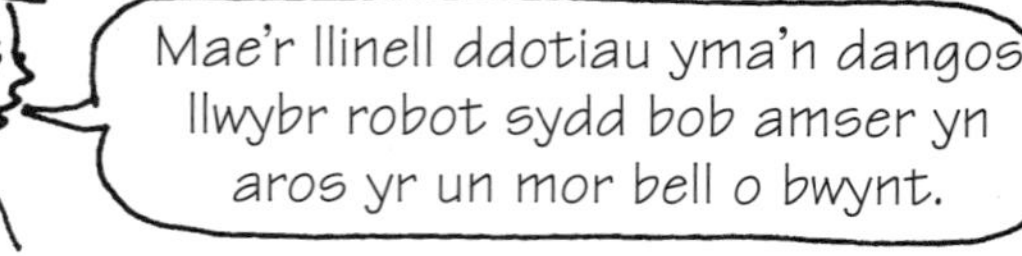

5. Mae'r llinell ddotiau yma'n dangos llwybr robot sydd bob amser yn aros yr un mor bell o bwynt.

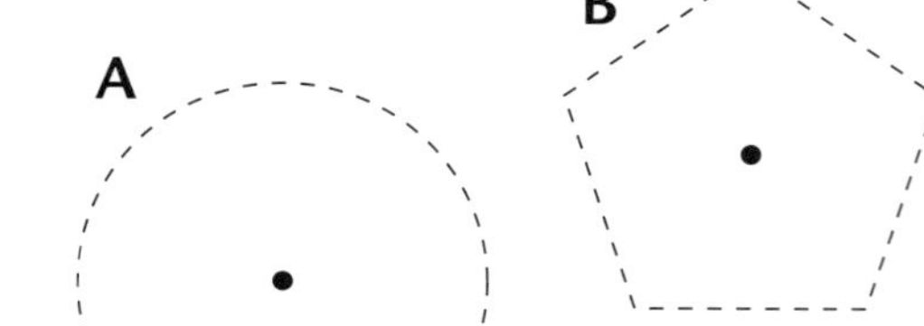


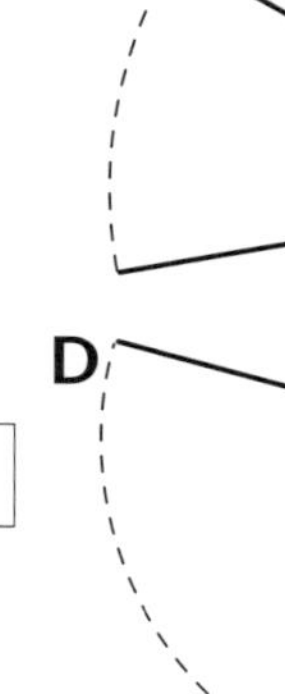


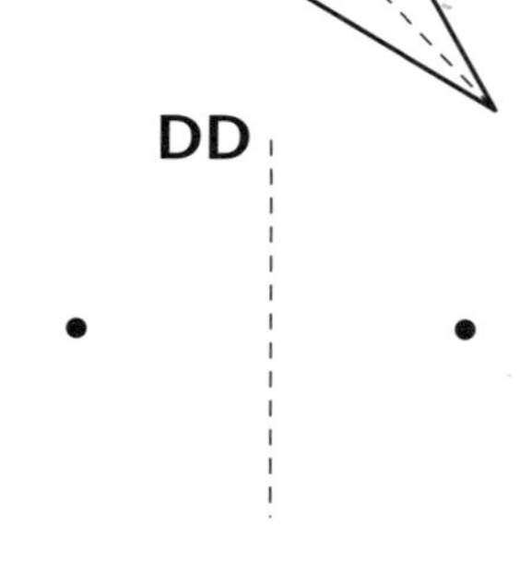

**Locws** (lluosog: **locysau**) yw'r gair a ddefnyddir i ddisgrifio llwybr pwynt sy'n symud, er enghraifft car yn mynd o amgylch trac rasio neu aderyn yn hedfan yn yr awyr. Mewn mathemateg, set o bwyntiau sy'n bodloni set o amodau yw locws.

# Edrych ar locysau

Darganfod locysau syml

**C** Gweithiwch gyda phartner. Mae arnoch angen wyth cownter bychan rhyngoch.

- ☆ Isod ceir cynllun o gampfa. Mae'r dotiau yn cynrychioli 'bocsys', mae'r llinellau yn cynrychioli meinciau a'r petryal yn cynrychioli mat.
- ☆ Mae chwaraewr 1 yn dewis un o'r tasgau isod ac yn darganfod ym mhle y dylai osod y cownter(i). Mae chwaraewr 2 yn gwirio'r lleoliad ac yna'n tynnu'r cownter(i) oddi ar y cynllun.
- ☆ Mae chwaraewr 2 yn dewis tasg wahanol. Daliwch ati nes bydd yr holl dasgau wedi eu cwblhau.

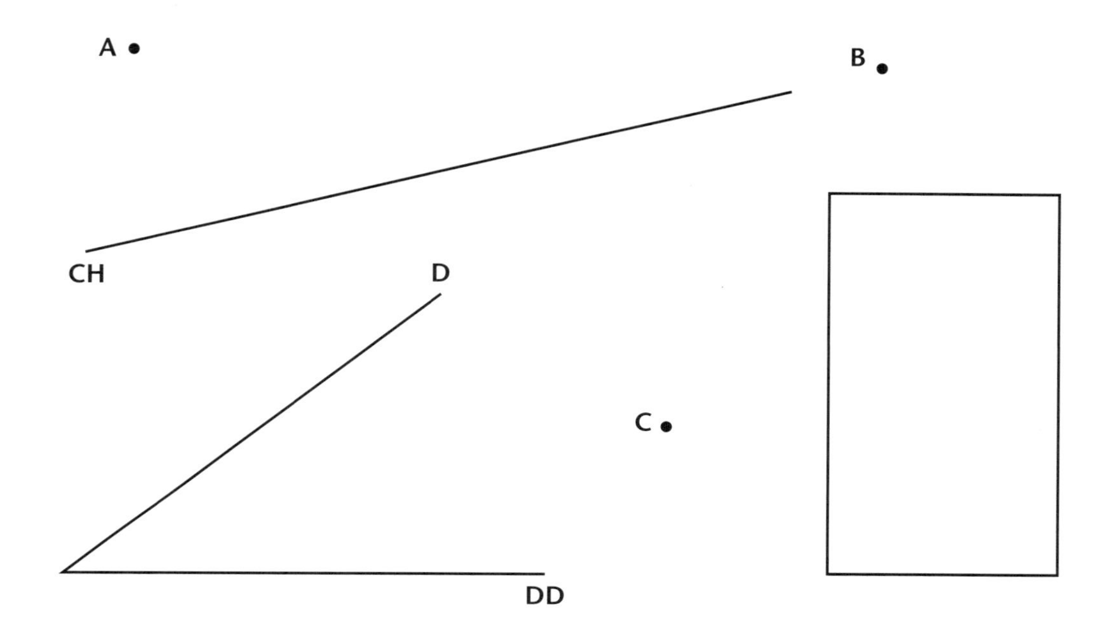


| | |
|---|---|
| Gosodwch wyth cownter fel eu bod i gyd yr un mor bell o focs A. | Gosodwch wyth o gownteri fel eu bod i gyd yr un pellter o focs B. |
| Gosodwch chwe chownter fel eu bod i gyd yr un mor bell o fainc CH. | Gosodwch dri chownter fel bod pob un yr un pellter o fainc D ag ydyw o fainc DD. |
| Gosodwch dri chownter fel bod pob un yr un mor bell o focs A ag o focs B. | Gosodwch un cownter fel y bo'r un pellter o focs A ag o focsys B ac C. |
| Gosodwch dri chownter fel bod pob un yr un mor bell o focs B ag o focs C, ond heb fod ar y mat. | Gosodwch bum cownter fel eu bod i gyd yr un pellter o focs C, ond heb fod ar y mat. |

**RHOWCH GYNNIG ARNI!**

Mae gafr wedi ei chlymu at bostyn mewn cae. Mae hyd y rhaff yn 6 m. Mae'r cae yn mesur $10\,m \times 10\,m$.

- Gwnewch luniad wrth raddfa o arwynebedd y glaswellt y gall yr afr ei gyrraedd. Defnyddiwch y raddfa 1 cm : 1 m.

**Locws** (lluosog: **locysau**) yw'r gair a ddefnyddir i ddisgrifio llwybr pwynt sy'n symud, er enghraifft car yn mynd o amgylch trac rasio neu aderyn yn hedfan yn yr awyr. Mewn mathemateg, set o bwyntiau sy'n bodloni set o amodau yw locws.

Defnyddio unedau mesur a deall cywerthoedd

# Unedau mesur

Mae un centimetr ciwbig (1 cm³) o ddŵr yr un fath ag un mililitr (1 ml). Mae mil o gentimetrau ciwbig (1000 cm³) yr un fath ag un litr (1 l). Mae un metr ciwbig (1 m³) yr un fath â mil o litrau (1000 l).

**1.** Ysgrifennwch gynhwysedd pob cynhwysydd mewn litrau neu fililitrau.

**(a)**

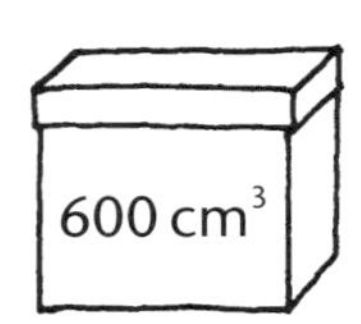


600 ml

**(b)**

__________

**(c)**

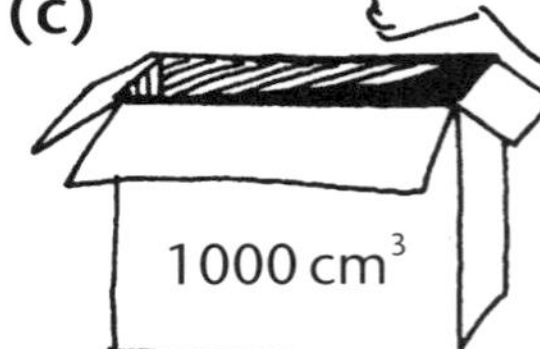


__________

**(ch)**

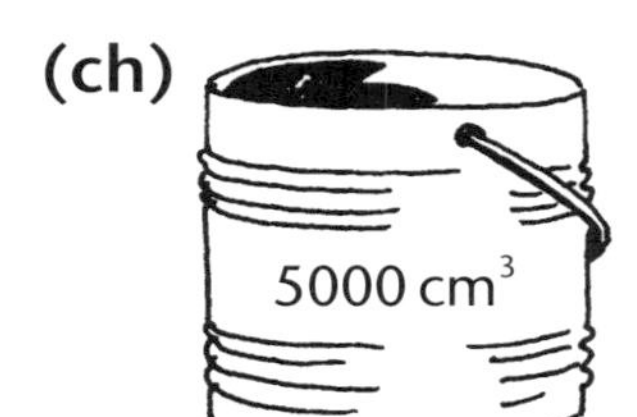


__________

**(d)**

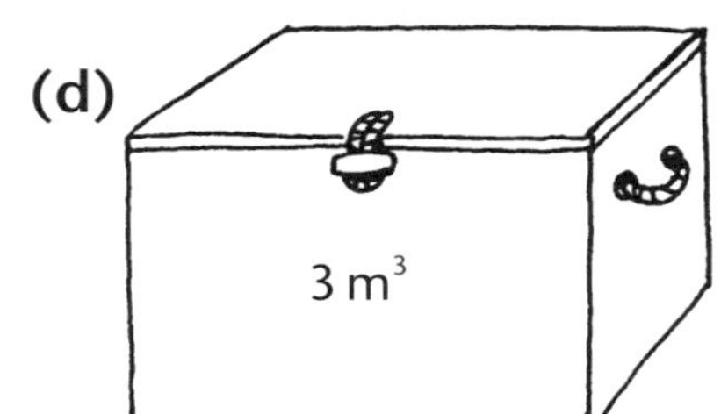


__________

**(dd)**

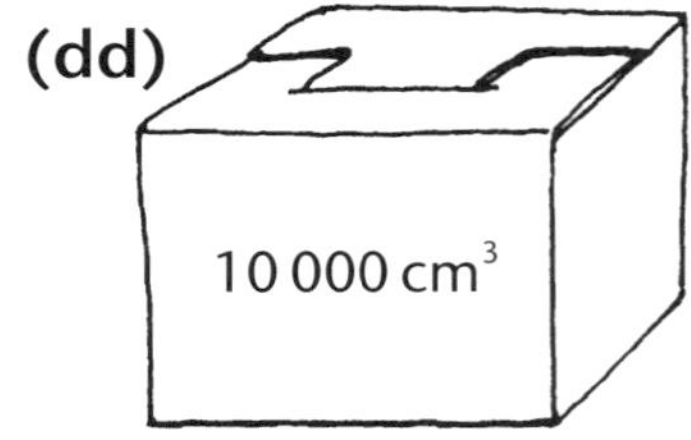


__________

**2.** Ysgrifennwch < neu > i wneud pob mynegiad yn gywir.

**(a)** 1 m³ [ > ] 1000 cm³ **(b)** 1 l [ ] 10 000 cm³ **(c)** 999 cm³ [ ] 1 l

**(ch)** 2000 ml [ ] 10 000 cm³ **(d)** 20 l [ ] 100 000 cm³ **(dd)** 3 m³ [ ] 2000 l

**(e)** 2 l [ ] 20 000 cm³ **(f)** 100 000 cm³ [ ] 1 m³ **(ff)** 10 m³ [ ] 3 000 000 ml

## B

**1.** Trawsnewidiwch y mesurau yma i'r unedau a ddangosir.

**(a)** 1 dunnell fetrig = 1000 kg **(b)** 1 kg = ________ g

**(c)** 1 dunnell fetrig = ________ g **(ch)** 3500 kg = ______ tunnell fetrig

**(d)** 750 kg = ________ tunnell fetrig **(dd)** 420 kg = ______ tunnell fetrig

**(e)** 50 000 kg = ______ tunnell fetrig **(f)** 4 kg = ______ tunnell fetrig

**(ff)** 30 kg = ________ tunnell fetrig **(g)** 0.5 kg = ______ tunnell fetrig

**(ng)** 8000 g = ________ tunnell fetrig **(h)** 700 g = ________ tunnell fetrig

**(i)** 0.5 tunnell fetrig = ________ g **(j)** 7 000 000 g = ______ tunnell fetrig

**2.** Pa un o'r tair uned mesur màs uchod fyddech chi'n ei ddefnyddio i ddisgrifio màs y canlynol:

**(a)** lori ________ **(b)** car ________ **(c)** teledu ________ **(ch)** pêl-droed ________

Mae'r rhagddodiad *cilo-* yn golygu 1000: er enghraifft, mae cilogram yn 1000 gram, cilometr yn 1000 metr. Mae'r rhagddodiad *centi-* yn golygu 'canfed rhan o', er enghraifft centimetr a centilitr. Mae *mili-* yn golygu 'milfed rhan o', er enghraifft milimetr. Yn rhan A, nid yw'r cynwysyddion wedi eu llunio wrth raddfa.

# Unedau mesur

Defnyddio unedau mesur a deall cywerthoedd

**C**

**1.** Gellir mesur arwynebeddau mawr mewn hectarau. Darganfyddwch arwynebedd y caeau yma mewn hectarau.

Mae 1 hectar yr un fath â 10 000 $m^2$.

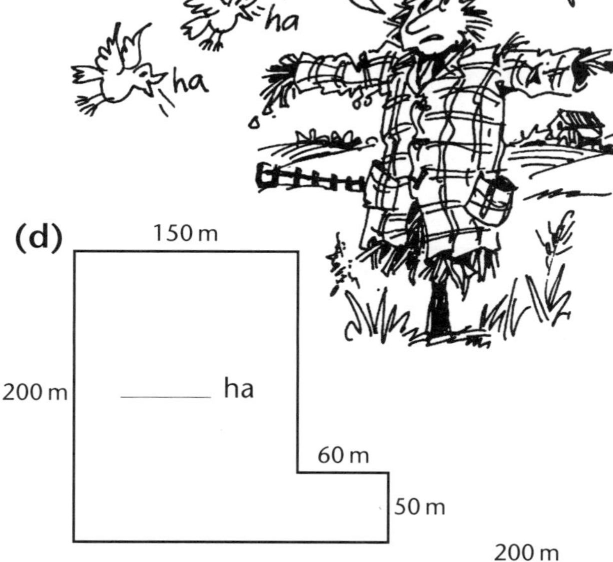


**(a)** 200 m × 150 m — 3 ha

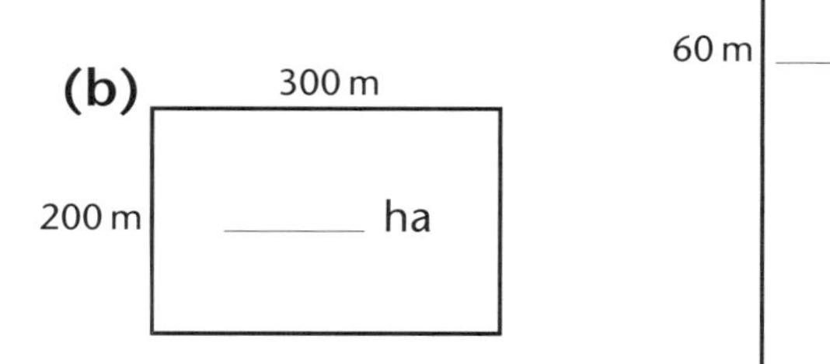

**(b)** 300 m × 200 m — ______ ha

**(ch)** 20 m × 60 m — ______ ha

**(c)** 500 m × 60 m — ______ ha

**(d)** 150 m, 200 m, 60 m, 50 m — ______ ha

**(dd)** 200 m, 120 m, 80 m, 700 m — ______ ha

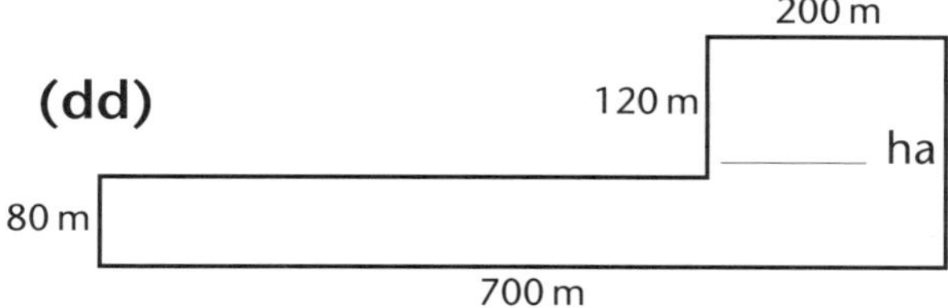

**2.** Chwaraewch y gêm amcangyfrif yma gyda phartner neu grŵp.

- ☆ Bydd eich athro/athrawes yn dangos eitem ichi ac yn gofyn ichi amcangyfrif ei hyd, màs, cynhwysedd, arwynebedd neu gyfaint gan ddefnyddio uned arbennig.
- ☆ Yn achos pob eitem, nodwch ddau werth y gallai'r mesuriad cywir fod rhyngddynt yn eich tyb chi. Darganfyddwch yr amrediad (y gwahaniaeth rhwng eich dau werth). Po leiaf yw eich amrediad, y mwyaf o bwyntiau allech chi eu sgorio.
- ☆ Bydd eich athro/athrawes yn rhoi mesuriad cywir yr eitem ichi. Ysgrifennwch hwn.
- ☆ Sgoriwch 1 pwynt os yw'r gwerth o fewn eich amrediad, a 3 phwynt arall os chi yw'r chwaraewr â'r amrediad lleiaf.

**Enghraifft:**

| Eitem | Uned | Gwerth lleiaf | Gwerth mwyaf | Amrediad | Mesuriad cywir | Sgôr |
|---|---|---|---|---|---|---|
| màs pren mesur | g | 10 g | 50 g | 50 – 10 = 40 | 35 g | 1 (+ 3 os nad yw amrediad unrhyw un arall yn llai na 40) |

**RHOWCH GYNNIG ARNI!**

- Trawsnewidiwch rhwng unedau amser addas i ddarganfod sawl eiliad sydd:

**(a)** mewn wythnos ______ **(b)** ym mis Ebrill ______ **(c)** mewn blwyddyn naid ______

**(ch)** rhwng hanner dydd ar Ionawr 1af a hanner dydd ar 14eg Chwefror ______

Yng nghwestiwn C2, cofiwch y gallwch ddefnyddio degolion yn eich amcangyfrifon (er enghraifft, 3.2 m neu 15.8 cm).

Gwybod cywerthoedd metrig mesurau imperial

# Mesurau imperial

Darllenwch y ddau ddull yma ar gyfer gwneud trawsnewidiadau bras rhwng unedau mesur hyd metrig ac imperial.

Cofiwch, mae ≈ yn golygu 'yn fras hafal i'.

Er mwyn trawsnewid cilometrau yn filltiroedd, rhannwch ag 8 ac yna lluoswch â 5.
Er mwyn trawsnewid milltiroedd yn gilometrau, rhannwch â 5 ac yna lluoswch ag 8.


**1.** Defnyddiwch y dulliau yma i drawsnewid y pellteroedd. Cyfrifwch y rhain yn eich pen.

**(a)** 32 km ≈ ______ milltir **(b)** 56 km ≈ ______ milltir **(c)** 72 km ≈ ______ milltir

**(ch)** 6.4 km ≈ ______ milltir **(d)** 1.6 km ≈ ______ milltir **(dd)** 4.8 km ≈ ______ milltir

**(e)** 45 milltir ≈ ______ km **(f)** 65 milltir ≈ ______ km **(ff)** 150 milltir ≈ ______ km

**(g)** 5.5 milltir ≈ ______ km **(ng)** 8.5 milltir ≈ ______ km **(h)** 15.5 milltir ≈ ______ km

Darllenwch y dull yma i drawsnewid litrau yn beintiau.

Er mwyn trawsnewid litrau yn beintiau, rhannwch â 4 ac yna lluoswch â 7.

**2.** Ceisiwch gyfrifo'r rhain yn eich pen.
Cildrowch y cyfarwyddiadau i drawsnewid peintiau yn litrau.

**(a)** 24 litr ≈ ______ peint **(b)** 16 litr ≈ ______ peint **(c)** 28 litr ≈ ______ peint

**(ch)** 2 litr ≈ ______ peint **(d)** ______ litr ≈ 56 peint **(dd)** ______ litr ≈ 35 peint

**(e)** ______ litr ≈ 77 peint **(f)** ______ litr ≈ 1.4 peint **(ff)** ______ litr ≈ 4.9 peint

**1.** Rhedodd rhedwraig pellter-hir 120 milltir yr wythnos ar gyfartaledd dros gyfnod o flwyddyn. Mae hyn yn cynnwys y saith marathon a redodd hi (pob un ohonynt yn 26 milltir). Tua sawl **cilometr**:

**(a)** oedd hi'n ei redeg yr wythnos ar gyfartaledd? ______________

**(b)** a redodd hi yn ystod y flwyddyn gyfan? ______________

**(c)** yw marathon? ______________ **(ch)** yw saith marathon? ______________

**2.** Rhedodd rhedwraig arall 220 km yr wythnos dros gyfnod o flwyddyn. Tua sawl **milltir** yw hyn:

**(a)** yr wythnos? ______________ **(b)** y flwyddyn? ______________

Mae'r trawsnewidiadau o imperial i fetrig, ac i'r gwrthwyneb, i gyd yn rhai bras. Yn rhan B, gallwch ddefnyddio'r dulliau trawsnewid o ran A i drawsnewid rhwng milltiroedd a chilometrau.

# Mesurau imperial

Gwybod cywerthoedd metrig mesurau imperial

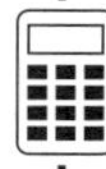

metrau ↔ llathenni
1 m ≈ 1.1 llath

cilogramau ↔ pwysi
1 kg ≈ 2.2 pwys

litrau ↔ peintiau
1 l ≈ 1.75 peintiau

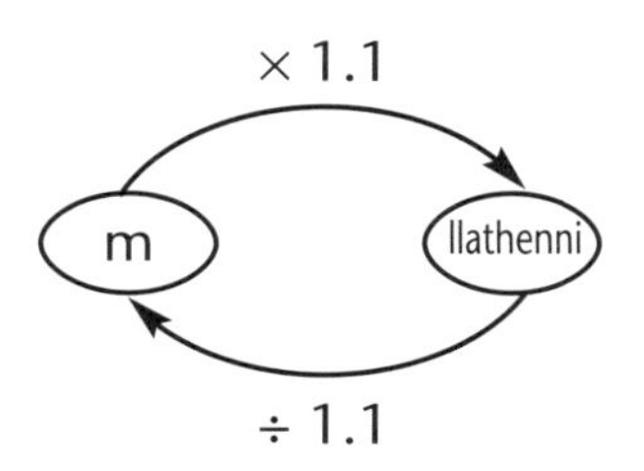


× 2.2
kg
pwysi
÷ 2.2

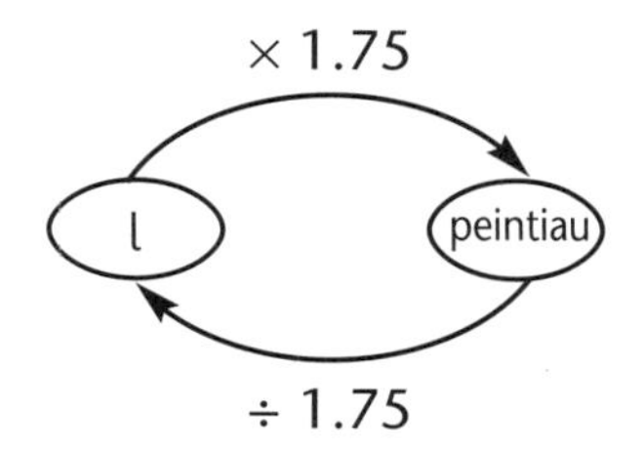


**1.** Defnyddiwch y diagramau i'ch helpu i wneud trawsnewidiadau bras rhwng yr unedau imperial a metrig hyn.

**(a)**

Cymerwch y troad i'r chwith ar ôl tua 500 llath.

_______ **metr**

**(b)**

Pan oeddwn i'n 19 oed roeddwn i'n pwyso tua 126 pwys.

_______ **cilogram**

**(c)**

Mae fy fan laeth i yn cario 175 peint o laeth.

_______ **litr**

**(ch)**

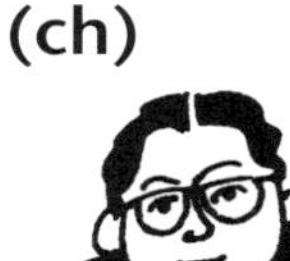

Mae Taid eisiau gwybod sawl llathen yw 1500 metr.

_______ **llath**

**(d)**

Mae Macsen yn pwyso 3.5 kg. Mae Dad eisiau gwybod faint yw hyn mewn pwysi.

_______ **pwys**

**(dd)**

Mae fy nhanc pysgod i'n dal tua 44 litr o ddŵr.

_______ **peint**

**2.** Llenwch y cywerthoedd sydd ar goll.

**(a)** 240 m ≈ _______ llath  **(b)** 1600 llath ≈ _______ m  **(c)** 47 litr ≈ _______ peint

**(ch)** 37 peint ≈ _______ litr  **(d)** 42 kg ≈ _______ pwys  **(dd)** 78 pwys ≈ _______ kg

**(e)** _______ litr ≈ 77 peint  **(f)** _______ llath ≈ 1 km  **(ff)** 700 g ≈ _______ pwys

**RHOWCH GYNNIG ARNI!**

Dyma rai perthnasau bras rhwng unedau metrig ac imperial.

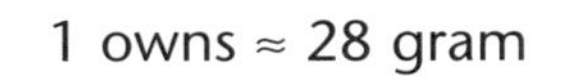

1 owns ≈ 28 gram

16 owns = 1 pwys ≈ 448 gram

- Ail-ysgrifennwch y rysáit hwn gan ddefnyddio unedau imperial yn unig.

475 g madarch
220 g pupur melyn
100 g basil ffres
$\frac{3}{4}$ kg tomatos wedi eu torri
380 g spaghetti wedi eu coginio
80 g caws parmesan

Mae'r trawsnewidiadau o imperial i fetrig, ac i'r gwrthwyneb, i gyd yn rhai bras. Cofiwch fod ≈ yn golygu 'yn fras hafal i'.

Defnyddio cyfeiriannau i nodi cyfeiriad

# Cyfeiriannau

Mae'r plant yma'n chwarae gêm droi. Yn gyntaf maen nhw'n wynebu tua'r Gogledd ac yna'n troi'n **glocwedd** drwy'r ongl a roddir. Yn y lluniau dangosir y plant o bwynt yn union uwchben. Rhowch saeth i ddangos i ba gyfeiriad yn fras y bydd pob plentyn yn wynebu ar ôl troi.

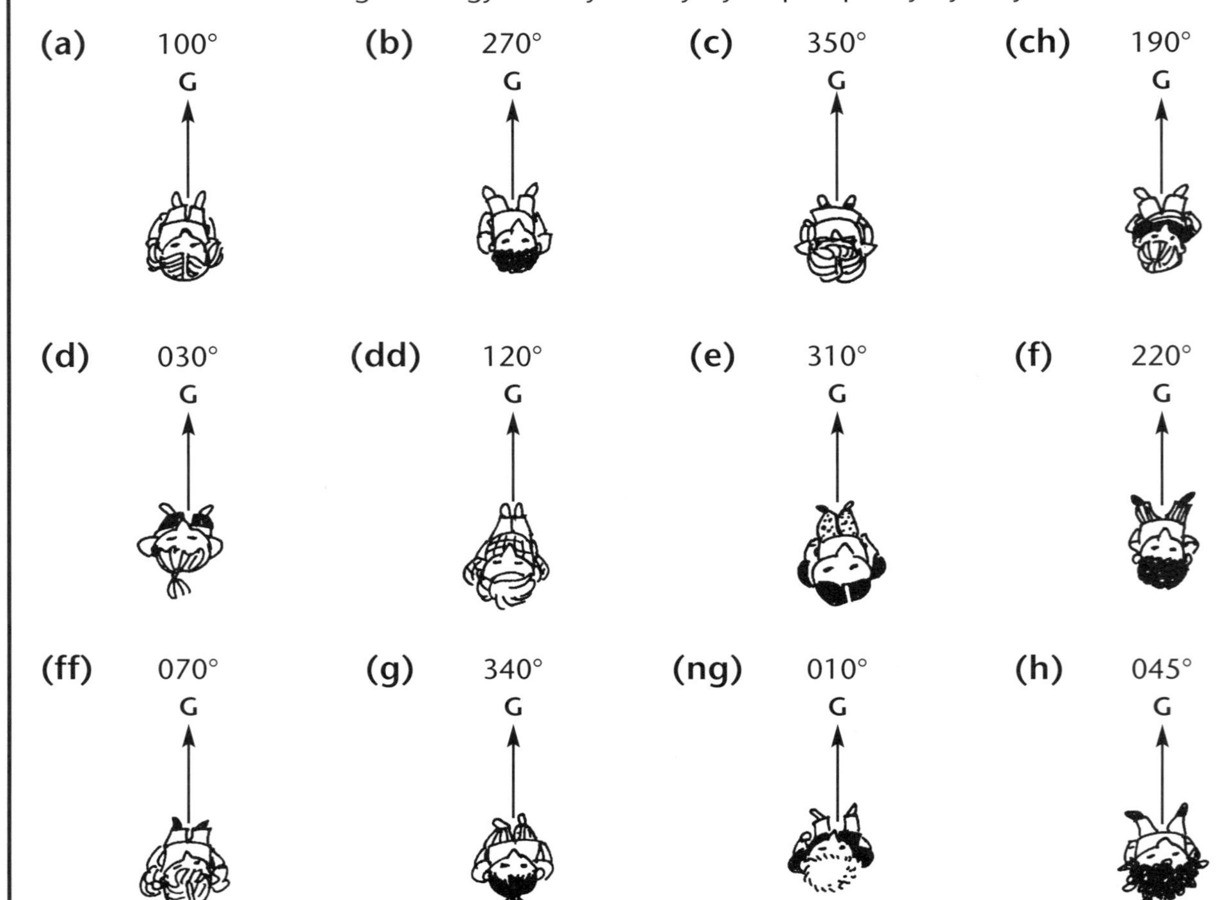


**B**

1. Ar ôl troi, mae pob plentyn yn cerdded ychydig i'r cyfeiriad mae ef neu hi yn ei wynebu ac yna'n aros. Disgrifiwch bob symudiad fel cyfeiriant.

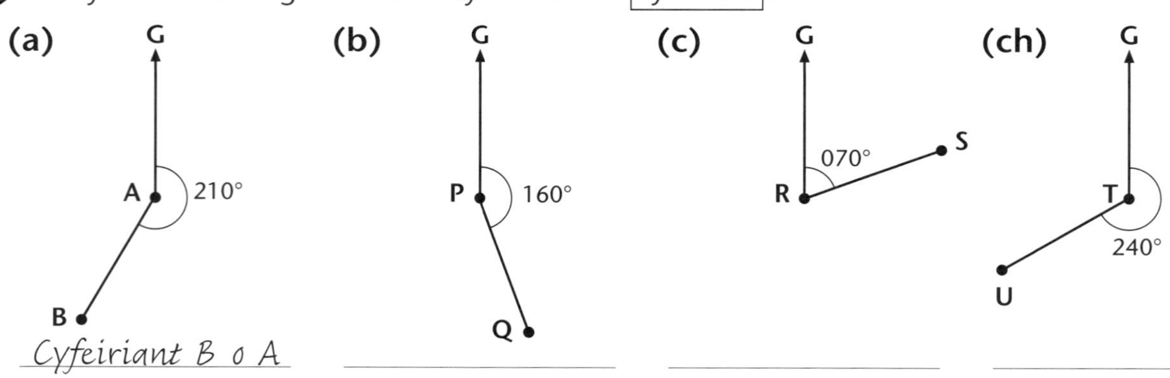


*Cyfeiriant B o A yw 210°*

2. Defnyddiwch onglydd i lunio pedwar cyfeiriant eich hun ar ddarn arall o bapur. Nodwch linell y Gogledd a'r ongl. Defnyddiwch lythrennau i labelu'r pwyntiau cychwyn a gorffen. Yna disgrifiwch bob cyfeiriant.

Dylai **cyfeiriant** bob amser gynnwys tri ffigur. Wrth ysgrifennu onglau hyd at 100°, ysgrifennwch sero ar y dechrau (er enghraifft, 054°, 012°, 030°). I roi cyfeiriant, defnyddiwch y mynegiad 'cyfeiriant (…) o (…) yw …' Y llythyren sy'n dilyn y gair 'o' yw'r pwynt lle mae'r ongl, felly 'cyfeiriant B o A' yw'r ongl glocwedd yn A. Mae saeth y Gogledd bob amser yn pwyntio i fyny'r dudalen.

# Cyfeiriannau

Defnyddio cyfeiriannau i nodi cyfeiriad

Edrychwch ar y diagramau yma ac atebwch y cwestiynau.

> Edrychwch pa lythyren sy'n dilyn y gair '**o**', er enghraifft 'o A'. Mae hyn yn dweud wrthych am edrych ar yr ongl glocwedd ym mhwynt A.

**1.**

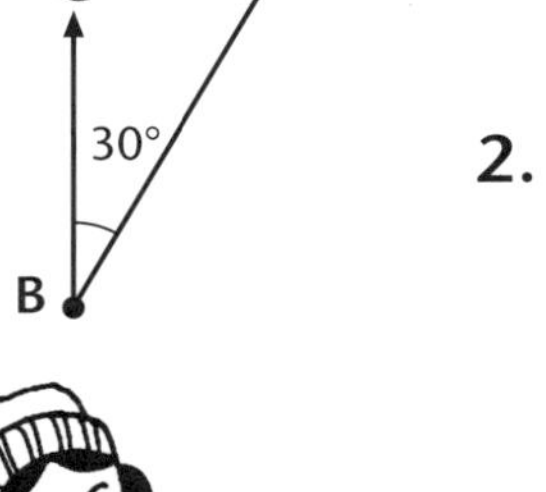


**(a)** Beth yw **cyfeiriant** B o A? 210° ______

**(b)** Beth yw cyfeiriant A o B? ______

**2.**

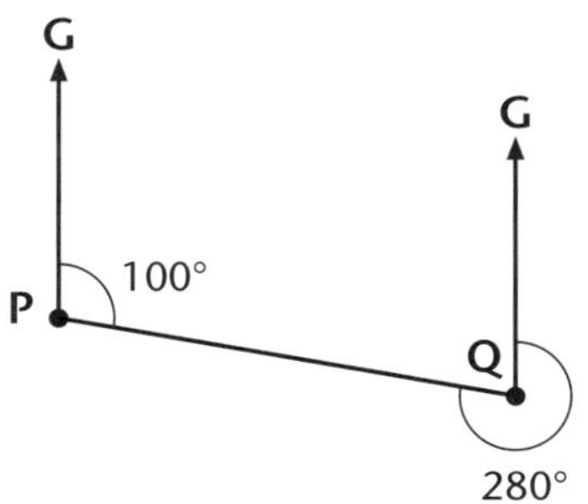

**(a)** Beth yw cyfeiriant Q o P? ______

**(b)** Beth yw cyfeiriant P o Q? ______

**3.**

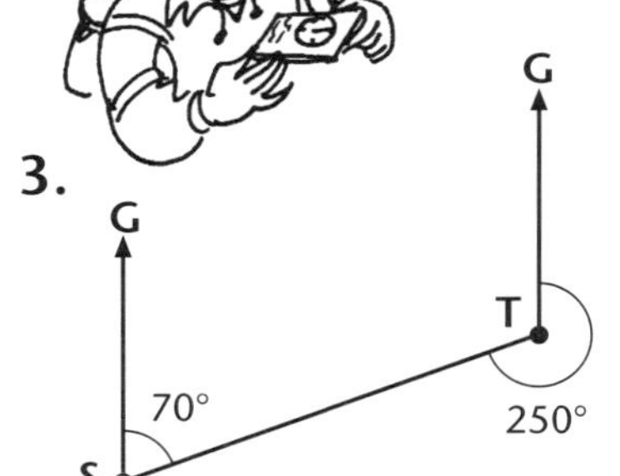


**(a)** Beth yw cyfeiriant S o T? ______

**(b)** Beth yw cyfeiriant T o S? ______

**4.**

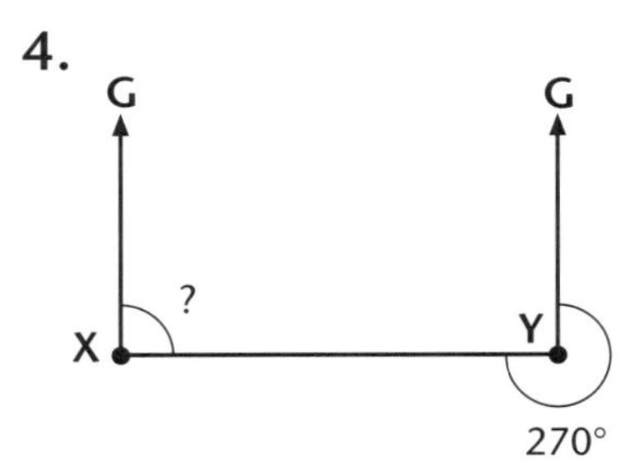


**(a)** Beth yw cyfeiriant X o Y? ______

**(b)** Beth yw cyfeiriant Y o X? ______

**5.** Defnyddiwch onglydd i lunio pum cyfeiriant eich hun. Defnyddiwch lythrennau i labelu'r pwyntiau cychwyn a gorffen a marciwch linell y Gogledd ym mhob un. Labelwch yr onglau, yna disgrifiwch y ddau gyfeiriant.

**RHOWCH GYNNIG ARNI!**

Anfonir bad achub i helpu cwch pysgota sydd 8 milltir o orsaf y bad achub (A) ar gyfeiriant o 150°.

Mae'r bad achub yn cyrraedd y cwch pysgota ac yn ei dynnu 5 milltir ar gyfeiriant o 240° i gyrraedd ei angorfa (B).

- Gwnewch luniad wrth raddfa o hyn gan ddefnyddio pren mesur ac onglydd. Defnyddiwch y raddfa 1 cm : 1 filltir.
- Pa mor bell yw B o A? ______
- Beth yw cyfeiriant: B o A? ______ A o B? ______

Dylai **cyfeiriant** bob amser gynnwys tri ffigur. Wrth ysgrifennu onglau hyd at 100°, ysgrifennwch sero ar y dechrau (er enghraifft, 054°, 012°, 030°). I roi cyfeiriant, defnyddiwch y mynegiad 'cyfeiriant (…) o (…) yw …' Y llythyren sy'n dilyn y gair 'o' yw'r pwynt lle mae'r ongl, felly 'cyfeiriant B o A' yw'r ongl glocwedd yn A. Mae saeth y Gogledd bob amser yn pwyntio i fyny'r dudalen.

Diddwytho a defnyddio fformiwlâu sy'n rhoi arwynebedd siapiau

# Ymchwilio i arwynebeddau

1. Defnyddiwch y diagram yma i'ch helpu i ddiddwytho fformiwla sy'n rhoi arwynebedd paralelogram. Meddyliwch beth rydych chi'n ei wybod am arwynebeddau petryalau a thrionglau. Eglurwch eich ffordd o feddwl.

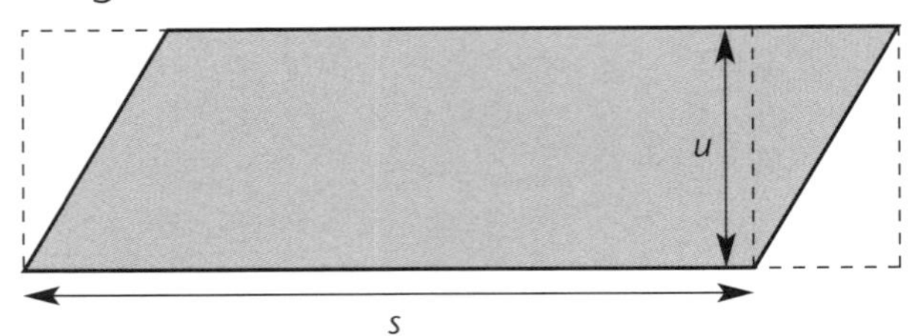


2. Defnyddiwch eich fformiwla i ddarganfod arwynebedd pob paralelogram.

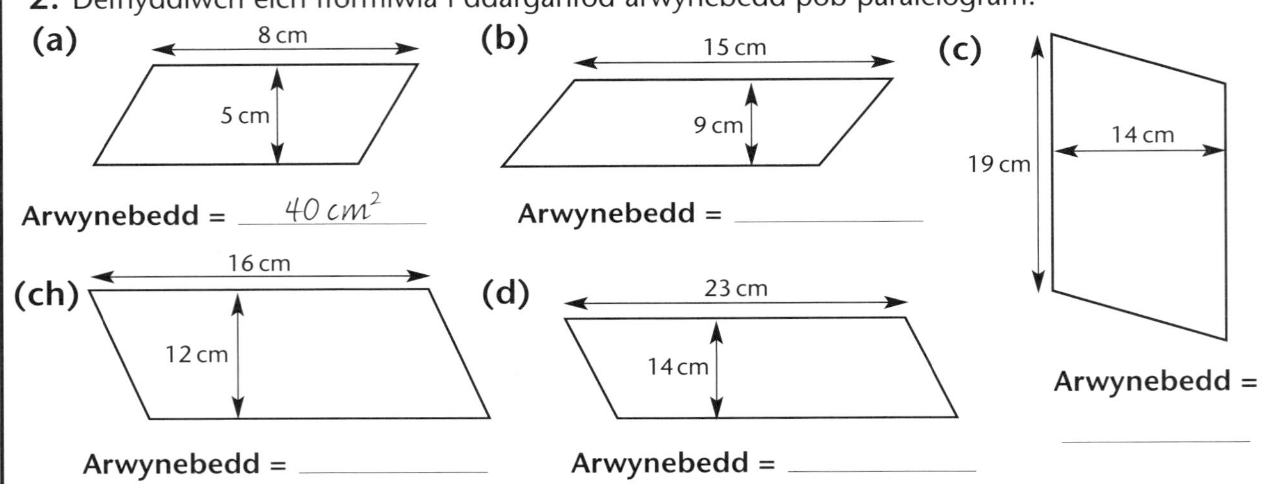


**B**

Darganfyddwch gyfanswm arwynebedd y siapiau sydd wedi eu lliwio ym mhob diagram. Defnyddiwch yr hyn a wyddoch am arwynebeddau petryalau, trionglau a pharalelogramau.

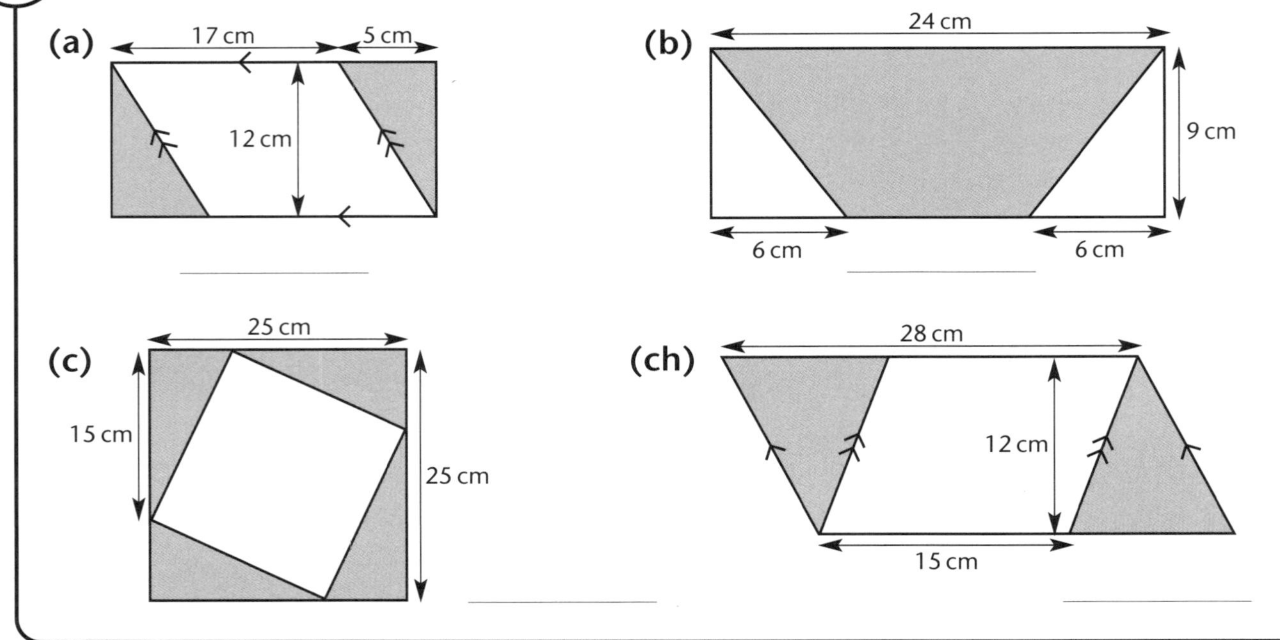

Gellir darganfod arwynebedd triongl drwy ddefnyddio'r fformiwla $\frac{1}{2}s \times u$, lle mae $s$ yn cynrychioli'r sail ac $u$ yr **uchder perpendicwlar** (hyd llinell berpendicwlar o sail y triongl i'r fertig gyferbyn). Yn rhan B, meddyliwch am ddefnyddio tynnu: gallech ddarganfod arwynebedd y siâp cyfan ac yna tynnu'r rhannau sydd heb eu lliwio i ddarganfod y gweddill.

# Ymchwilio i arwynebeddau

Diddwytho a defnyddio fformiwlâu sy'n rhoi arwynebedd siapiau

**1.** Defnyddiwch y diagram yma i'ch helpu i ddiddwytho fformiwla sy'n rhoi arwynebedd trapesiwm. Eglurwch sut y gwnaethoch hyn.

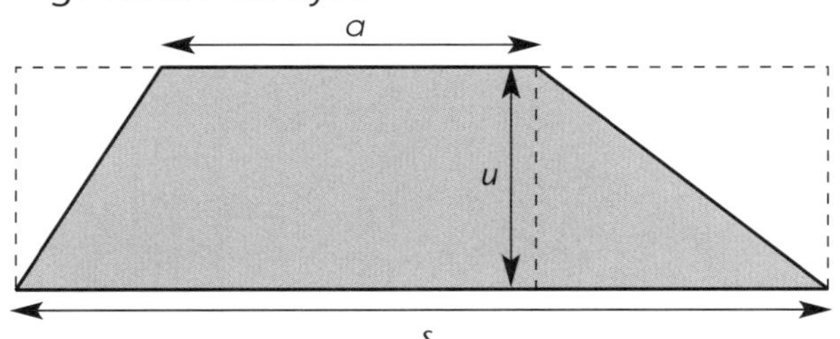


**2.** Defnyddiwch eich fformiwla i ddarganfod arwynebedd pob trapesiwm.

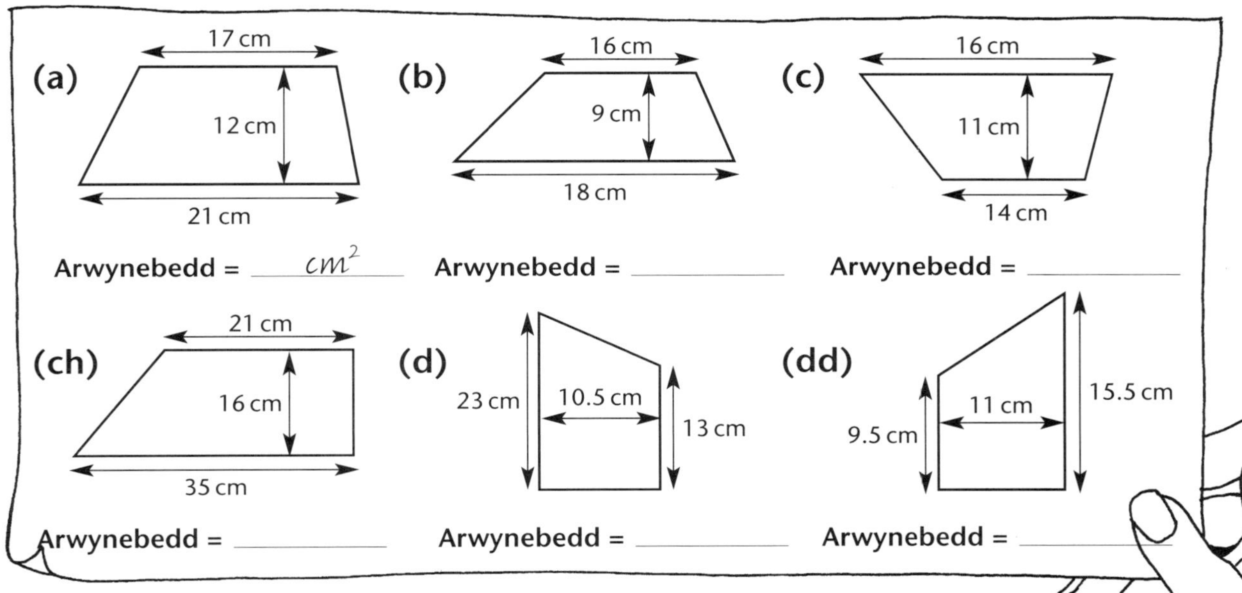


**3.** Darganfyddwch arwynebedd y rhan sydd wedi ei lliwio ym mhob siâp. Yn gyntaf, darganfyddwch arwynebedd y siâp cyfan, yna tynnwch arwynebedd y rhan neu'r rhannau nad ydynt wedi eu lliwio.

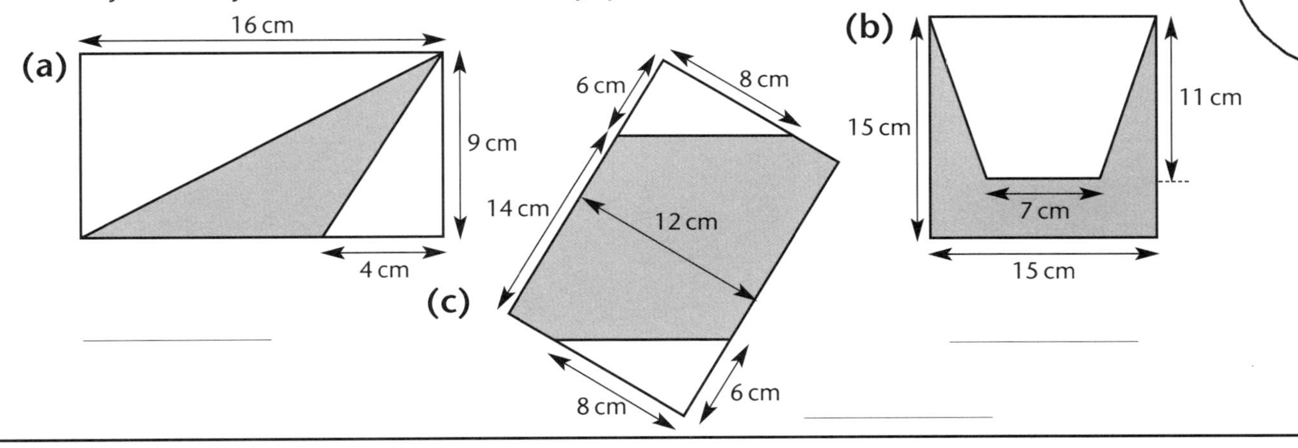


**RHOWCH GYNNIG ARNI!**

- Ar bapur sgwariau, lluniwch bedwar siâp eich hun wedi eu gwneud â phetryalau a thrionglau. Lliwiwch rannau o'r siapiau. Cyfrifwch arwynebedd y rhan sydd wedi ei lliwio ym mhob siâp.
- Rhowch eich siapiau i bartner. Rhowch sialens i'ch partner drwy ofyn iddo/iddi ddarganfod arwynebeddau'r rhannau sydd wedi eu lliwio.

Gellir darganfod arwynebedd triongl drwy ddefnyddio'r fformiwla $\frac{1}{2}s \times u$, lle mae $s$ yn cynrychioli'r sail ac $u$ yr uchder perpendicwlar (hyd llinell berpendicwlar o sail y triongl i'r fertig gyferbyn).

Diddwytho a datrys problemau sy'n gysylltiedig â chyfaint

# Cyfrifo cyfeintiau

**1.** Mae'r ciwboidau yma wedi eu gwneud o giwbiau centimetr. Rhowch gyfaint pob ciwboid.

**(a)**

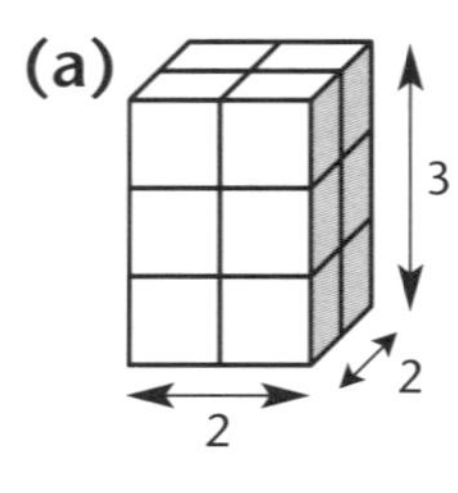


$12\ cm^3$

**(b)**

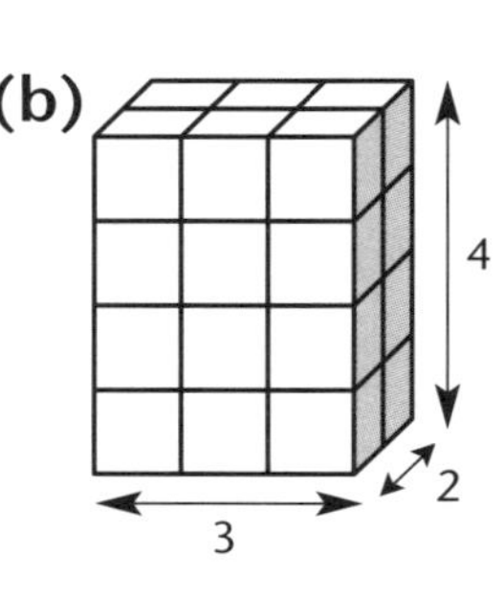


**(c)**

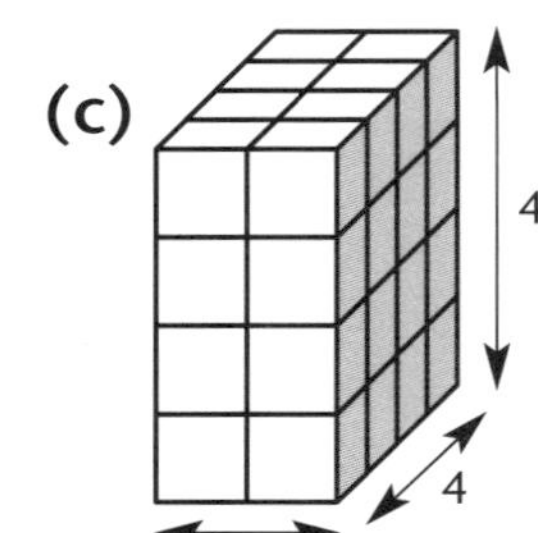


**(ch)**

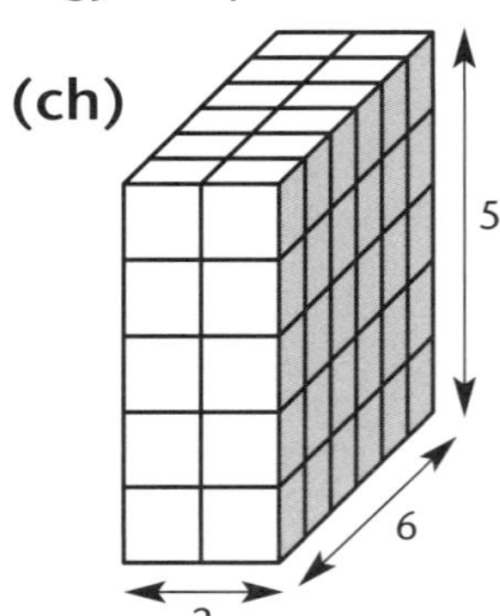


**2.** Mae'r ciwboidau hyn wedi cael eu lapio. Cyfrifwch eu cyfeintiau.

**(a)**

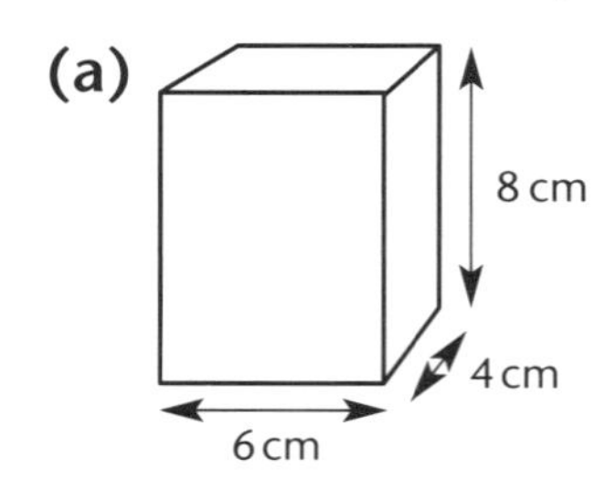


**(b)**

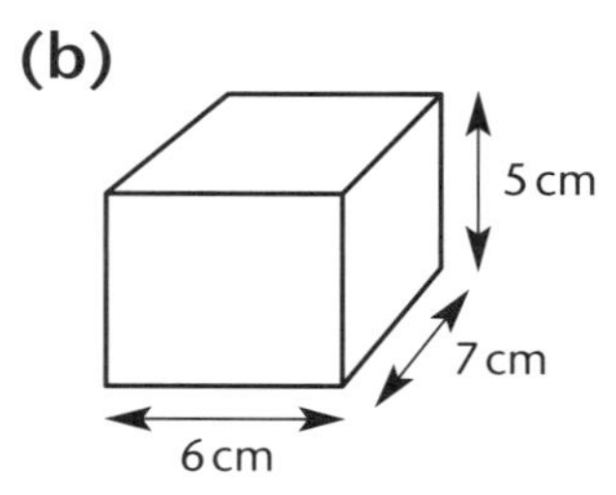


**(c)**

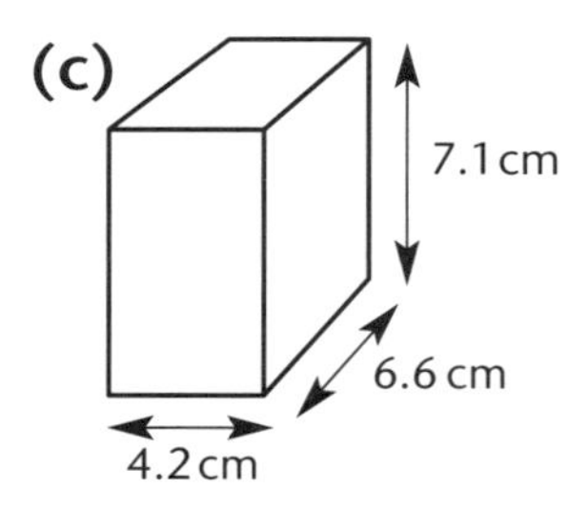


**(ch)**

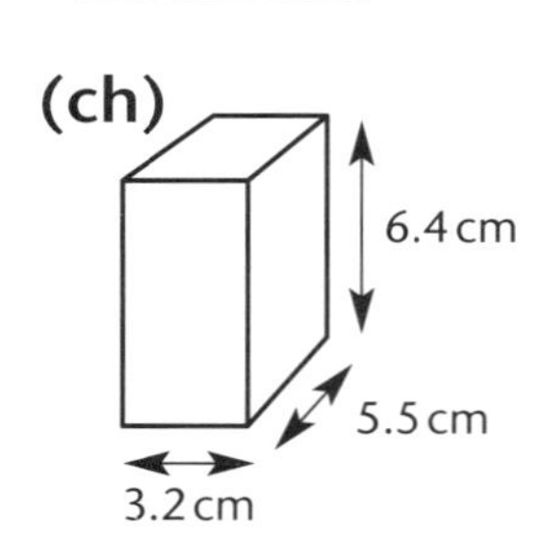


**(d)**

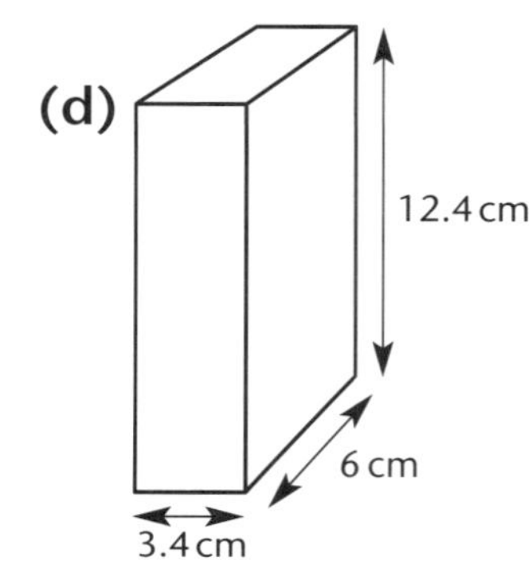


**(dd)**

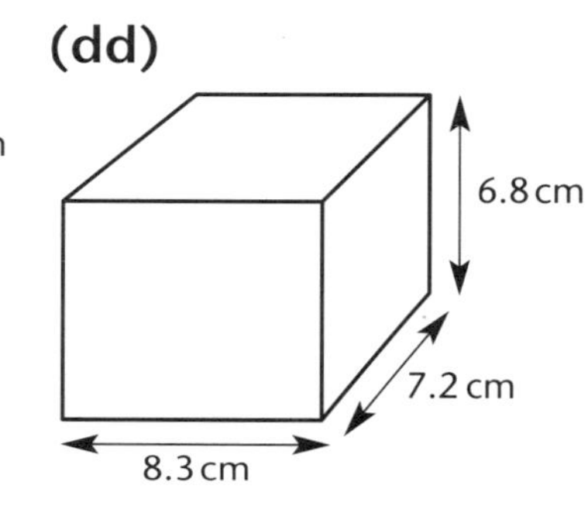


**(e)**

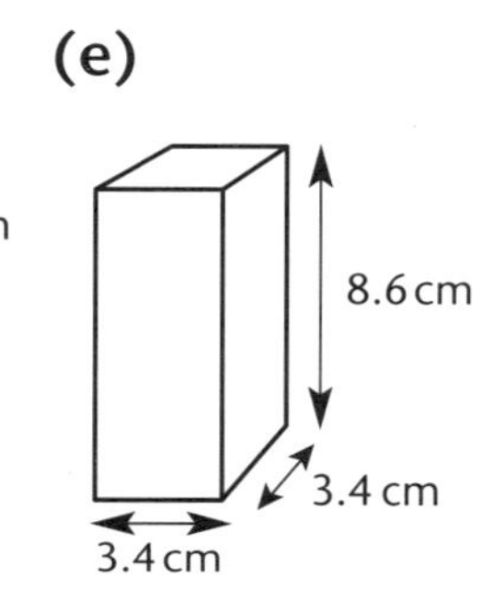


**(f)**

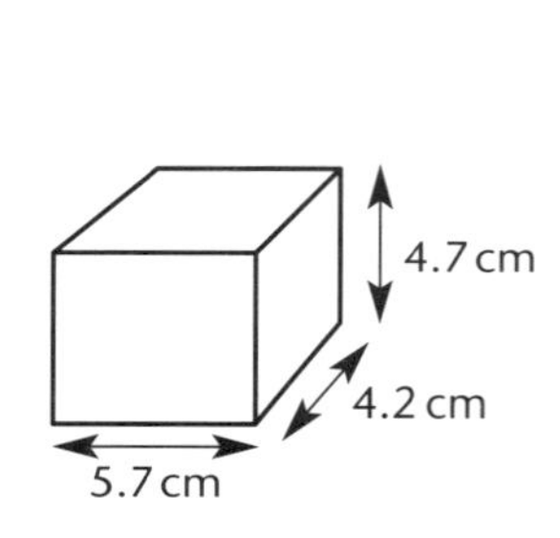


**3.** Ar bapur isometrig, lluniwch gynifer o wahanol giwboidau â chyfaint o $36\ cm^3$ ag y gallwch.

Mae'r siapiau yma wedi eu gwneud o giwboidau.
Cyfrifwch gyfaint pob siâp.

Gwahanwch y ciwboidau a darganfyddwch gyfaint pob rhan.

**(a)**

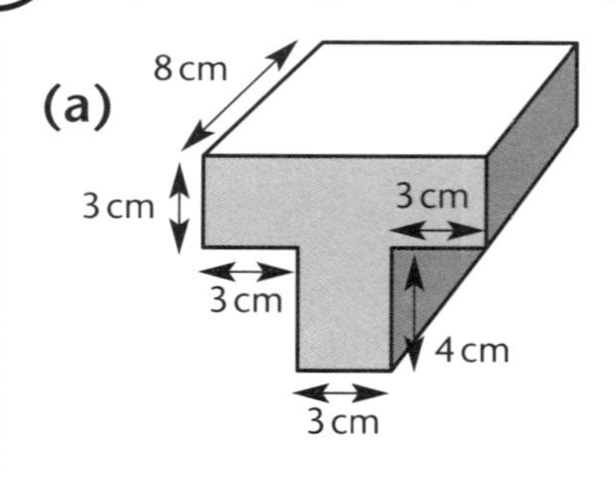


**(b)**

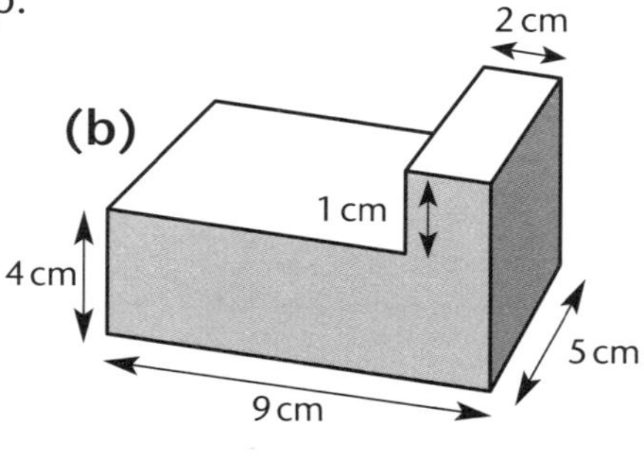


**(c)**

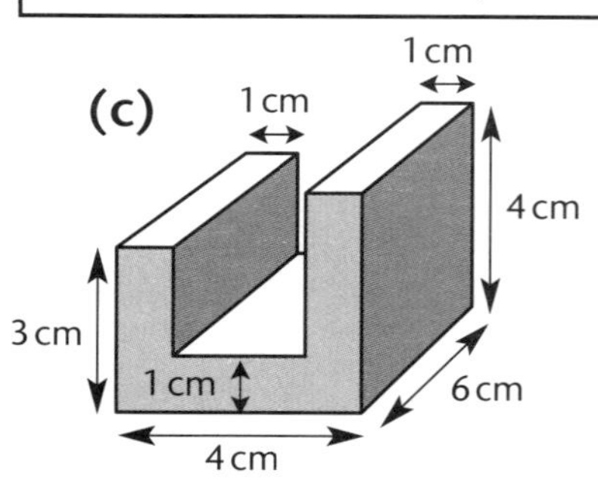

Cyfaint siâp 3-D yw faint o ofod y mae'n ei lenwi. Mesurir cyfaint mewn centimetrau ciwbig ($cm^3$) neu fetrau ciwbig ($m^3$). Nid yw'r diagramau ar y dudalen yma wedi eu llunio wrth raddfa.

# Cyfrifo cyfeintiau

1. Mae'r bocs yma wedi ei lenwi hyd at yr ymyl â pheli polystyren.
   Beth yw cyfaint y bocs? ______

9 cm
2 cm
4 cm

2. Nodwch pa un o'r canlynol fydd yn digwydd os bydd y peli'n cael eu tywallt o'r bocs yma i bob un o'r bocys isod.

Byddant yn gorlifo | Byddant yn ei lenwi'n union | Ni fyddant yn ei lenwi.

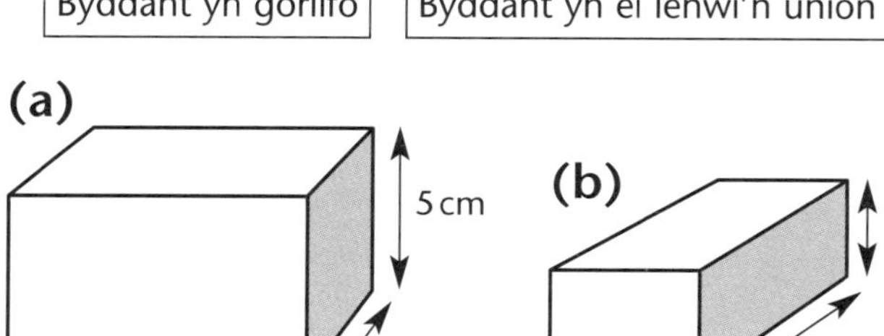


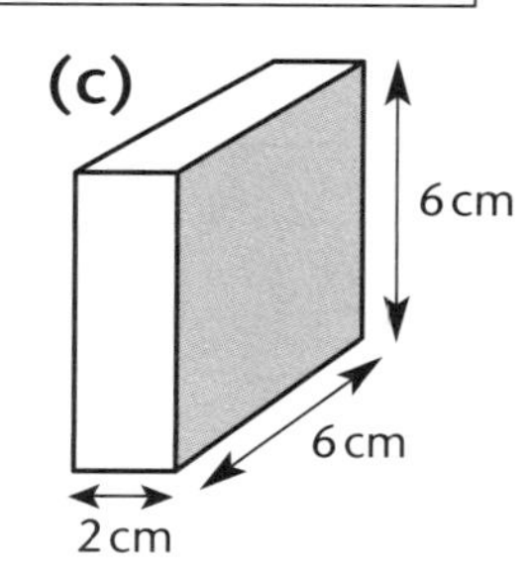


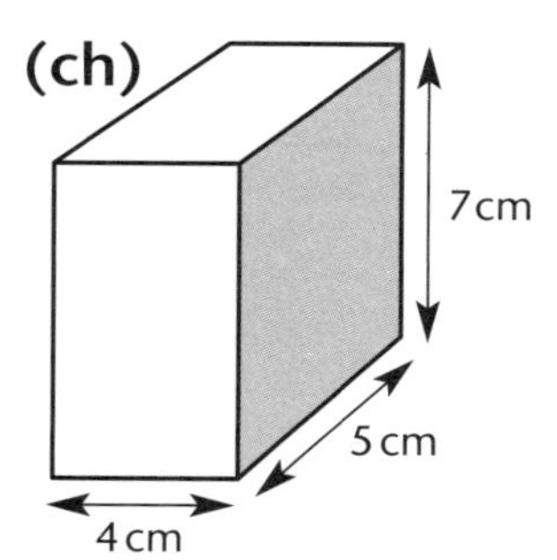


(a) *gorlifo* (b) ______ (c) ______ (ch) ______

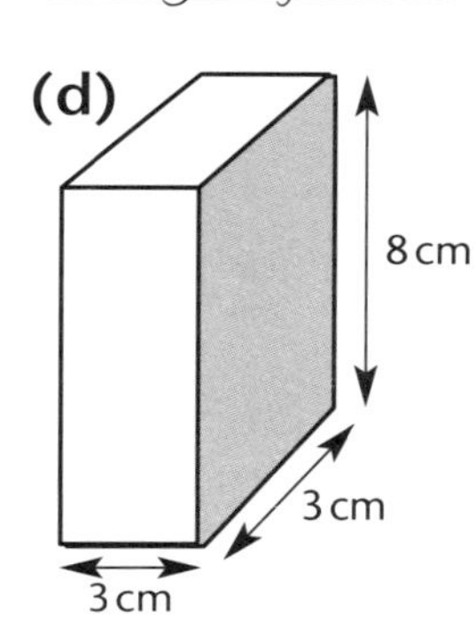


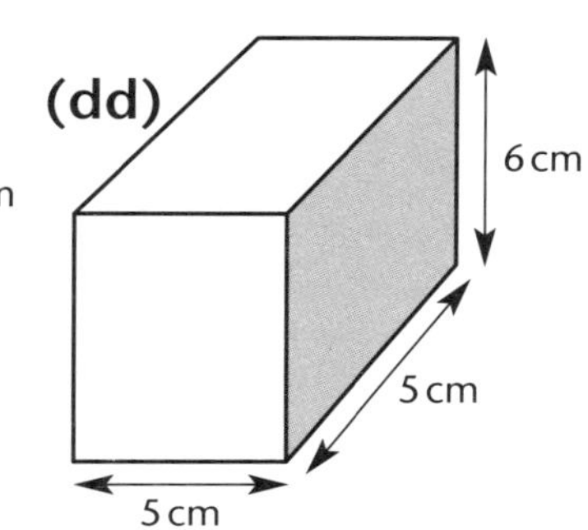


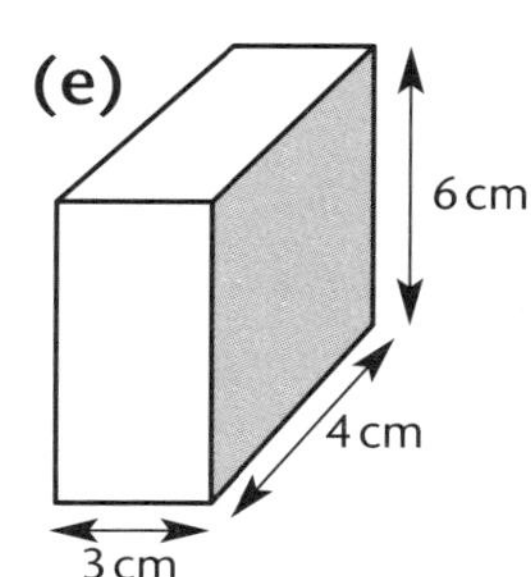


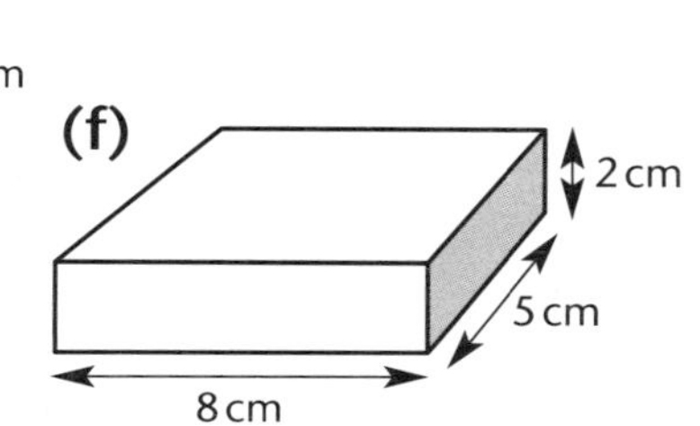


______ ______ ______ ______

3. Beth yw nifer mwyaf y Sioc-o Blociau a fydd yn ffitio i bob un o'r bocsys isod?

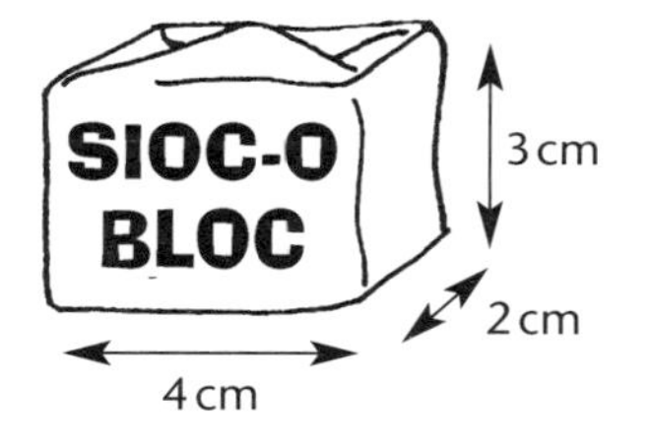


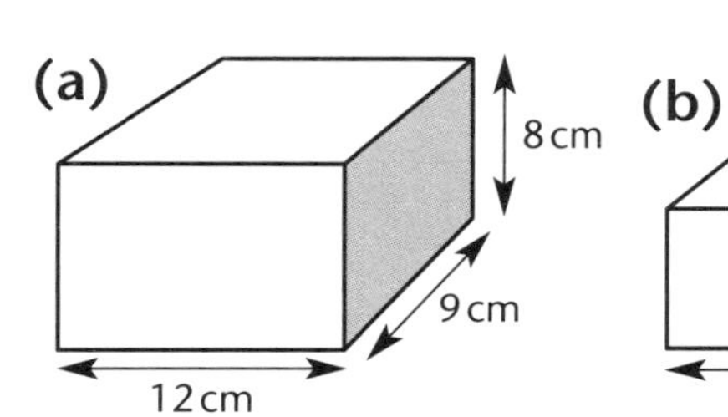


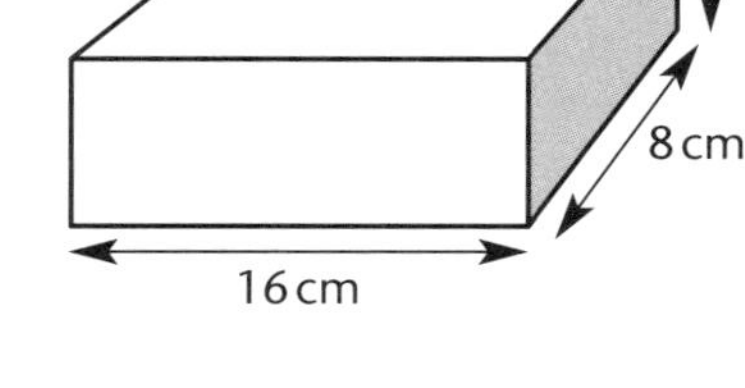


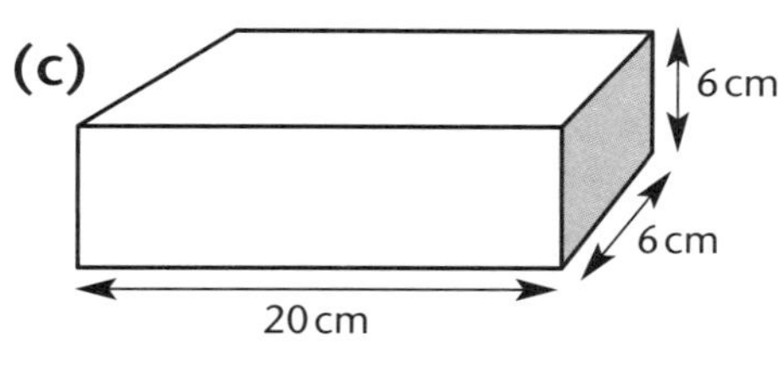


______ bloc ______ bloc ______ bloc

**RHOWCH GYNNIG ARNI!**

- Beth allai dimensiynau bocs sy'n dal union 48 o Sioc-o Blociau fod? Darganfyddwch o leiaf bedwar ateb gwahanol.

Cyfaint siâp 3-D yw faint o ofod y mae'n ei lenwi. Mesurir cyfaint mewn centimetrau ciwbig ($cm^3$) neu fetrau ciwbig ($m^3$). Nid yw'r diagramau ar y dudalen yma wedi eu llunio wrth raddfa.

Cyfrifo cyfaint ac arwynebedd arwyneb

# Ciwboidau

Gellir ysgrifennu'r fformiwla sy'n rhoi arwynebedd arwyneb (*A*) ciwboid drwy ddefnyddio $A = 2lh + 2hu + 2ul$, lle mae *h* yn cynrychioli'r hyd, *l* y lled ac *u* yr uchder.

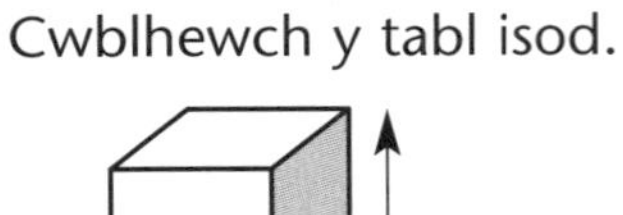

Defnyddiwch y fformiwla i ddarganfod arwynebedd arwyneb pob ciwboid. Cwblhewch y tabl isod.

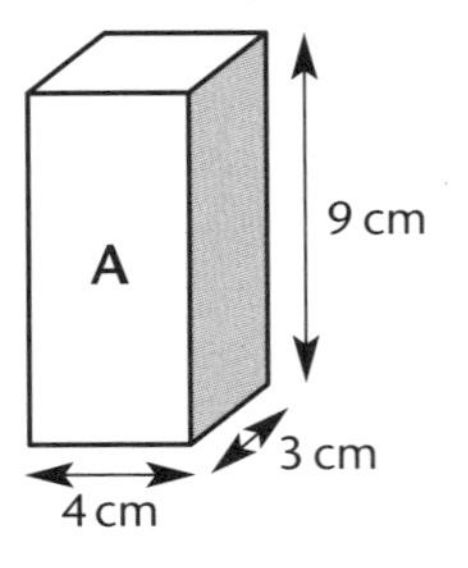


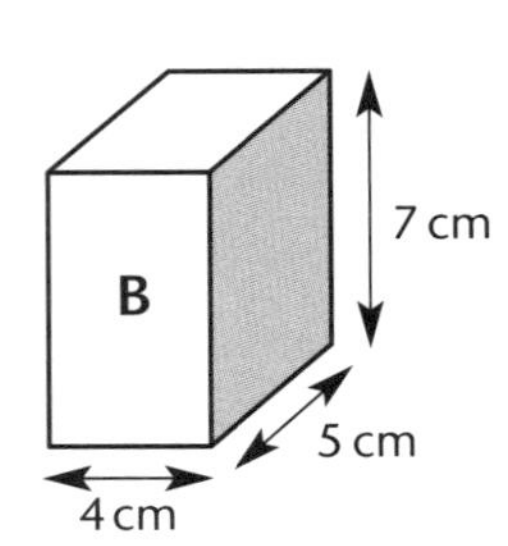


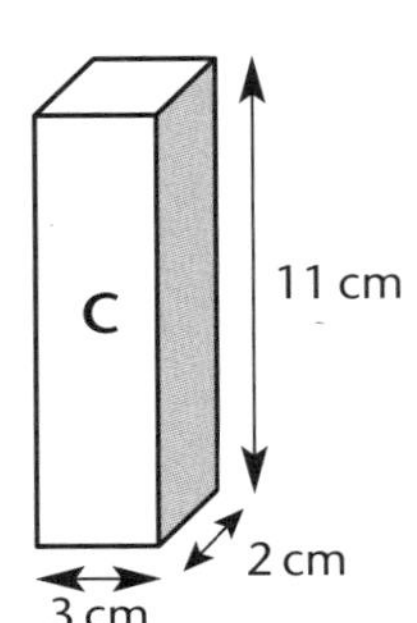


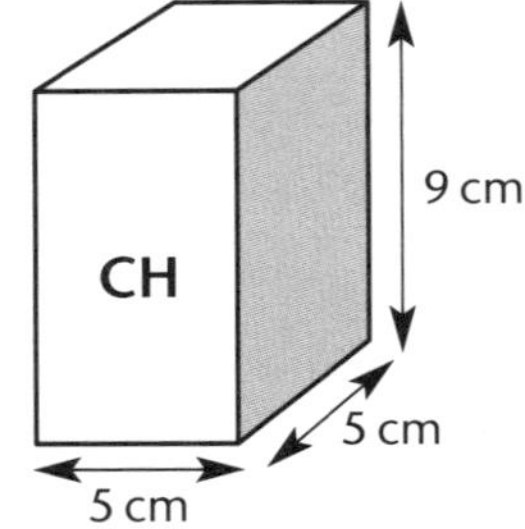


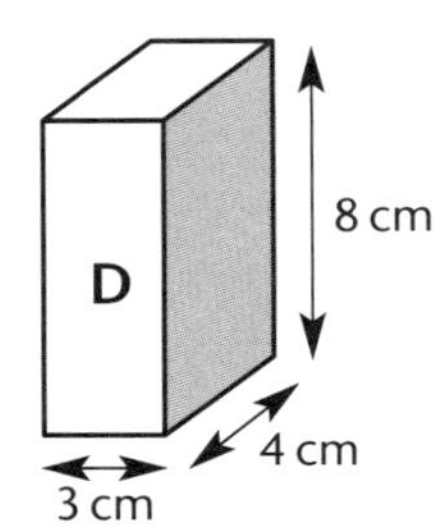


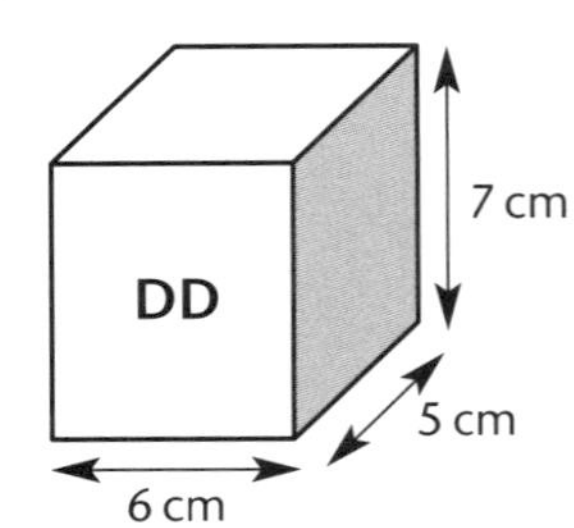


| Bocs | Dimensiynau | | | Cyfaint | Arwynebedd arwyneb |
|---|---|---|---|---|---|
| | *h* | *l* | *u* | *C = hlu* | ***A* = 2*lh* + 2*hu* + 2*ul*** |
| A | 4 cm | 3 cm | 9 cm | | |
| B | | | | | |
| C | | | | | |
| CH | | | | | |
| D | | | | | |
| DD | | | | | |

**B**

Mae uchder pob bocs uchod yn cael ei ddyblu. Cwblhewch y tabl.

| Bocs | Dimensiynau | | | Cyfaint | Arwynebedd arwyneb |
|---|---|---|---|---|---|
| | *l* | *b* | *h* | *C = hlu* | ***A* = 2*lh* + 2*hu* + 2*ul*** |
| A | 4 cm | 3 cm | 18 cm | | |
| B | | | | | |
| C | | | | | |
| CH | | | | | |
| D | | | | | |
| DD | | | | | |

Arwynebedd arwyneb siâp 3D yw cyfanswm arwynebedd ei holl wynebau. Er mwyn cyfrifo'r arwynebedd arwyneb, gallwch ddelweddu pob wyneb a darganfod yr arwynebedd, neu gallwch ddefnyddio'r fformiwla $A = 2lh + 2hu + 2ul$, lle mae *A* yn cynrychioli'r Arwynebedd arwyneb, *h* yr hyd, *l* y lled ac *u* yr uchder.

# Ciwboidau

Cyfrifo cyfaint ac arwynebedd arwyneb

**C**

**1.** Chwaraewch y gêm yma gyda phartner.

☆ Mae pob chwaraewr yn dewis un o'r ciwboidau isod ac yn darganfod ei gyfaint. Mae'r chwaraewr sydd â'r ciwboid â'r cyfaint mwyaf yn sgorio pwynt. Nawr darganfyddwch bob arwynebedd arwyneb. Mae'r chwaraewr sydd â'r arwynebedd arwyneb mwyaf yn sgorio pwynt. Croeswch y ddau giwboid a dewiswch un newydd yr un.

☆ Yr enillydd yw'r chwaraewr sydd â'r nifer mwyaf o bwyntiau ar y diwedd.

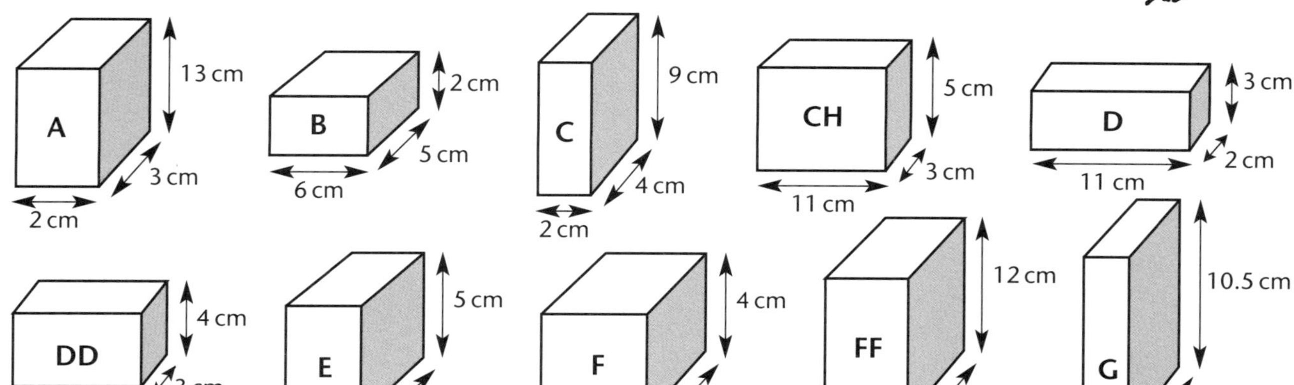


**2.** Gellir ysgrifennu'r fformiwla sy'n rhoi arwynebedd arwynebedd (*A*) ciwboid fel $A = 2lh + 2hu + 2ul$, lle mae *h* yn cynrychioli'r hyd, *l* y lled ac *u* yr uchder.

Gellir ailysgrifennu'r fformiwla yma i wneud *u* yn destun y fformiwla:

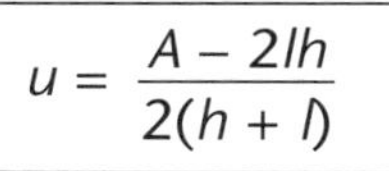

$$u = \frac{A - 2lh}{2(h + l)}$$

Defnyddiwch y fformiwla newydd hon i ddarganfod uchder y ciwboidau yma.

*h*, *b*, *l*

**(a)**
Arwynebedd arwyneb (*A*) = 202 cm$^2$
lled (*l*) = 9 cm
hyd (*h*) = 5 cm
uchder (*u*) = ________

**(b)**
Arwynebedd arwyneb (*A*) = 240cm$^2$
lled (*l*) = 7 cm
hyd (*h*) = 6 cm
uchder (*u*) = ________

**(c)**
Arwynebedd arwyneb (*A*) = 81cm$^2$
lled (*l*) = 8 cm
hyd (*h*) = 3 cm
uchder (*u*) = ________

**(ch)**
Arwynebedd arwyneb (*A*) = 91.5cm$^2$
lled (*l*) = 5.5 cm
hyd (*h*) = 2.5 cm
uchder (*u*) = ________

**(d)**
Arwynebedd arwyneb (*A*) = 478cm$^2$
lled (*l*) = 12.5 cm
hyd (*h*) = 13 cm
uchder (*u*) = ________

**(dd)**
Arwynebedd arwyneb (*A*) = 203cm$^2$
lled (*l*) = 9.4 cm
hyd (*h*) = 3.7 cm
uchder (*u*) = ________

**RHOWCH GYNNIG ARNI!**

Dangosir arwynebedd arwyneb pob wyneb y ciwboid.

- Darganfyddwch yr hyd, y lled a'r uchder.

325 cm$^2$, 247 cm$^2$, 475 cm$^2$

Arwynebedd arwyneb siâp 3D yw cyfanswm arwynebedd ei holl wynebau. Er mwyn darganfod arwynebedd arwyneb, gallwch ddelweddu pob wyneb a darganfod yr arwynebedd, neu gallwch ddefnyddio'r fformiwla $A = 2lh + 2hu + 2ul$, lle mae *A* yn cynrychioli'r arwynebedd arwyneb, *h* yr hyd, *l* y lled ac *u* yr uchder. Nid yw'r diagramau ar y dudalen hon wedi eu llunio wrth raddfa.

# Atebion

**t8**

**A1** (a) 90°
(b) 360°
(c) 180°
(ch) 180°
(d) 90°
(dd) 180°

**A2** q a t
u a r
p a w
s a v

**A3** (a) Mae onglau triongl yn adio i 180°. Mae llunio un groeslin ar unrhyw bedrochr yn ei rannu'n ddau driongl. Felly mae onglau pedrochr yn rhoi cyfanswm o $2 \times 180° = 360°$.
(b) Ydy

**B1** (a) Mewnol
(b) Allanol
(c) Mewnol
(ch) Allanol
(d) Mewnol
(dd) Allanol

**B2** (a) 90°
(b) 150°

**B3** (a) 60°
(b) 120°

**t9**

**C1**

| | | | |
|---|---|---|---|
| a = 110° | | | |
| b = 40° | | | |
| c = 105° | d = 60° | | |
| e = 65° | f = 60° | | |
| g = 45° | h = 135° | | |
| i = 70° | j = 70° | k = 40° | |
| l = 85° | m = 70° | | |
| n = 55° | o = 110° | p = 125° | q = 70° |
| r = 53° | s = 53° | | |

**C2** a = 42°
b = 42°
c = 96°
d = 75°
e = 47°
f = 21°

**t10**

**B1** $a = 180° - z$
$b = 180° - x$
$c = 180° - y$

**B2** $a = 180° - (b + c)$
$b = 180° - (c + a)$
$c = 180° - (a + b)$

**B3** (a) z (b) x (c) y

**t12**

**A** Atebion posibl:

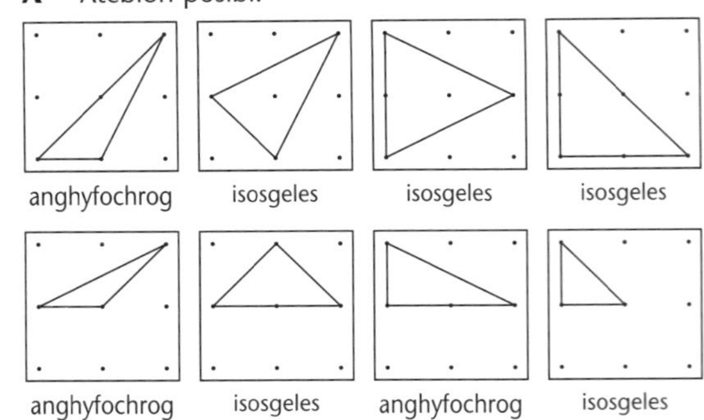


**B2** Ydw

**B3** Ydw; gan fod onglau triongl yn adio i 180° gellir eu trefnu bob amser i wneud llinell syth (a fydd yn brithweithio).

**p13**

**C1** Enghraifft:
1. Anghyfochrog, dwy ongl lem ac un ongl aflem
2. Anghyfochrog, tair ongl lem
3. Anghyfochrog, dwy ongl lem ac un ongl aflem

**C2** (a) Mae dau yn drionglau isosgeles ag onglau o 108°, 36° a 36°. Mae'r llall yn driongl isosgeles ag onglau o 72°, 72° a 36°.
(b) Bydd yn gwneud triongl isosgeles mwy ag onglau o 108°, 36° a 36°.

**Rhowch gynnig arni!**
Dau driongl isosgeles ag onglau 30°, 30° a 120°.
Dau driongl ongl sgwâr anghyfochrog ag onglau 90°, 60° a 30°.

**t14**

**A2** Paralelogram

**B**

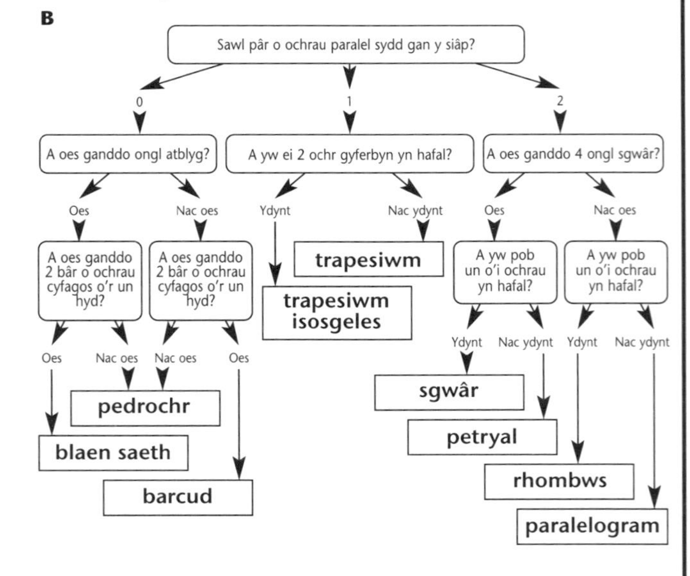

**t15**

**C1** (a) A Trapesiwm isosgeles
B Paralelogram
C Barcud
CH Trapesiwm
D Petryal
DD Blaensaeth neu ddelta

(b)

| | A | B | C | CH | D | DD |
|---|---|---|---|---|---|---|
| Ydyn nhw'r un hyd? | Ydyn | Nac ydyn | Nac ydyn | Nac ydyn | Ydyn | Nac ydyn |
| Ydyn nhw'n dwyrannu ei gilydd? | Nac ydyn | Ydyn | Nac ydyn | Nac ydyn | Ydyn | Nac ydyn |
| Ydyn nhw'n berpendicwlar i'w gilydd? | Nac ydyn | Nac ydyn | Ydyn | Nac ydyn | Nac ydyn | Ydyn |
| Ydyn nhw'n croesi y tu mewn i'r siâp? | Ydyn | Ydyn | Ydyn | Ydyn | Ydyn | Nac ydyn |

**C2** (a) E Sgwâr
F Rhombws nad yw'n sgwâr

(b) A Nac ydyn
B Nac ydyn
C Nac ydyn
CH Nac ydyn
D Nac ydyn
DD Nac ydyn
E Ydyn
F Ydyn

**Rhowch gynnig arni!**

(a) Cywir (b) Anghywir
(c) Anghywir (ch) Cywir

**t16**

**A1**

(a)

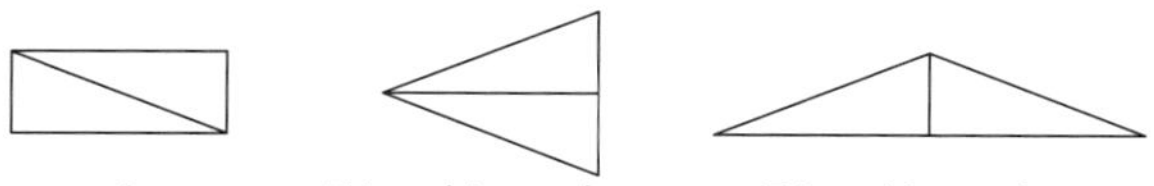

✔ Triongl isosgeles ★ Triongl isosgeles ★

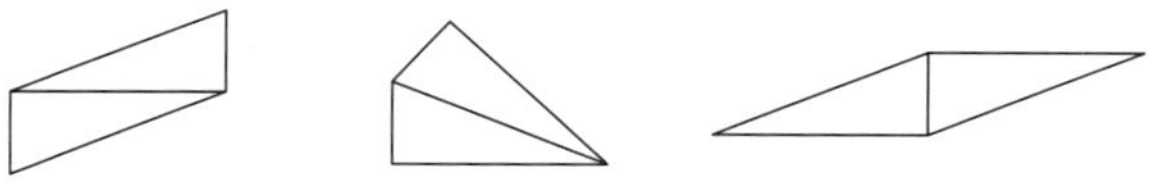

Paralelogram ✔ Barcud ★ Paralelogram ✔

(b)

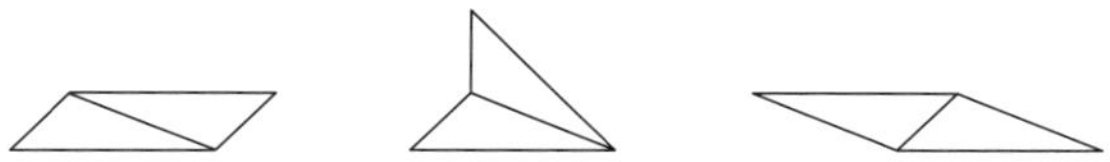

✔ Blaen saeth/delta ★ Paralelogram ✔

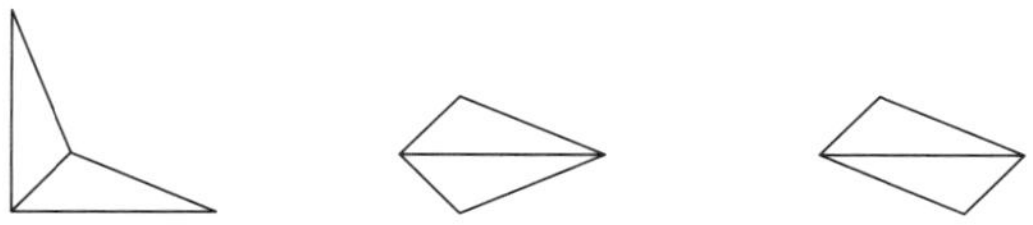

Blaen saeth/delta ★ Barcud ★ Paralelogram ✔

(c)

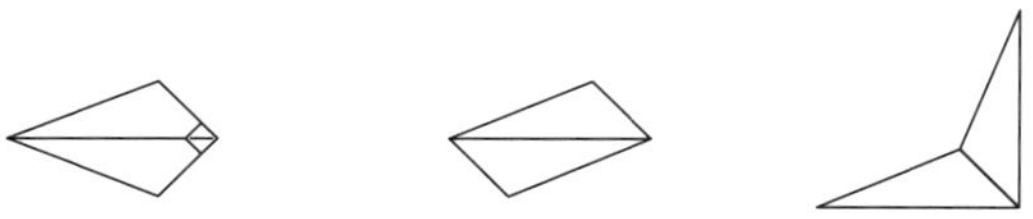

★ Paralelogram ✔ Blaen saeth/delta ★

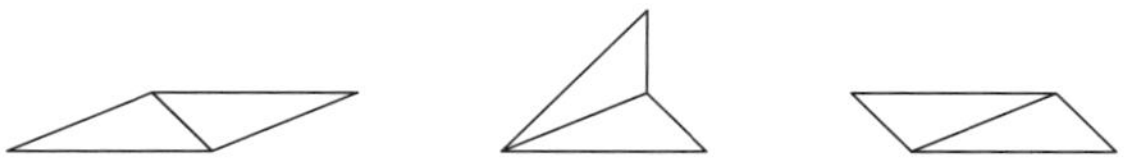

Paralelogram ✔ Blaen saeth/delta ★ Paralelogram ✔

**t17**

**C1** (a) Rhombwss
Cymesuredd cylchdro trefn 2
2 linell cymesuredd adlewyrchol

(b) Trapesiwm isosgeles
Cymesuredd cylchdro trefn 1
1 llinell cymesuredd adlewyrchol

(c) Paralelogram
Cymesuredd cylchdro trefn 2
0 llinell cymesuredd adlewyrchol

Hecsagon
Cymesuredd cylchdro trefn 1
1 llinell cymesuredd adlewyrchol

Triongl hafalochrog
Cymesuredd cylchdro trefn 3
3 llinell cymesuredd adlewyrchol

**C2** Trapesiwm
Cymesuredd cylchdro trefn 1
1 llinell cymesuredd adlewyrchol

Heptagon
Cymesuredd cylchdro trefn 1
1 llinell cymesuredd adlewyrchol

Pentagon
Cymesuredd cylchdro trefn 1
0 llinell cymesuredd adlewyrchol

Hecsagon
Cymesuredd cylchdro trefn 1
0 llinell cymesuredd adlewyrchol

**Rhowch gynnig arni!**

Gellir gwneud heptagon, octagon a phentagon o chwe sticer. Mae onglau'r sticeri yn 60°; felly nid yw'n bosibl gwneud onglau o 90° ac ni ellir gwneud petryal. Gellir gwneud trapesiwm gan ddefnyddio nifer odrifol o sticeri yn unig. Yr unig driongl posibl fyddai triongl hafalochrog mwy; gellid gwneud hwn gan ddefnyddio pedwar neu naw sticer, ond nid chwech.

Gellir gwneud o leiaf pedwar hecsagon gwahanol, yn ogystal â chylchdroeon ac adlewyrchiadau.

**t19**

**C** Mae'r siapiau yn (a) a (d) yn gyfath.

**Rhowch gynnig arni!**

Nac ydy

**t20**

**A1** (a) ✓
(b) ✓
(c) ✓
(ch) ×
(d) ×
(dd) ✓
(e) ✓
(f) ×
(ff) ✓

**A2** (a) AD AE FB BC
(b) Ydynt

**B1** (a) 5 (b) 2
(c) 1 (ch) 1
(d) 0 (dd) 3

**B2** (a) 2
(b) 2
(c) 0
(ch) 2

**t21**

**Rhowch gynnig arni!**
Mae cyfanswm y sbotiau bob amser yn 28. Y rheswm am hyn yw bod 21 o sbotiau ar ddis, felly mae 42 o sbotiau ar ddau ddis. Mae cyfanswm wynebau cyferbyn ar ddis yn 7 sbotyn. Yn y sefyllfa hon, nid yw dau bâr o wynebau cyferbyn yn cael eu cyfrif, felly mae cyfanswm y sbotiau sy'n cael eu cyfrif yn 42 – (2 × 7) = 28.

**t22**

**A** (a)
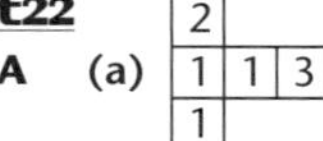


(b)
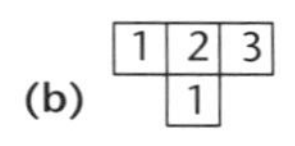


(c)
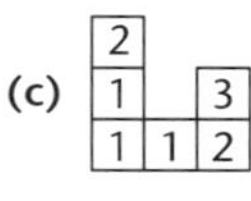


(ch)
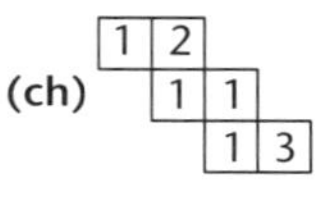


(d)
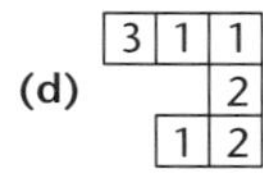


(dd)
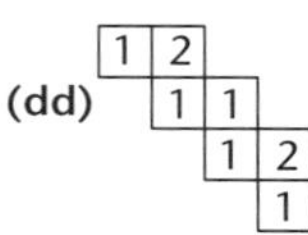


**t24**

**A2** (a) (3, 2) (b) (⁻4, 0) (c) (⁻4, 2) (ch) (⁻1, ⁻4)

**B** (a) 5 ffordd (b) 3 ffordd (c) 14 ffordd (ch) 8 ffordd

**t25**

**C2** Bydd siapiau (a), (c), (ch), (dd), (e) ac (f) yn brithweithio.

**Rhowch gynnig arni!**
Bydd llythrennau H ac S yn brithweithio.
H fydd yn brithweithio drwy drawsfudiad yn unig.
Bydd digidau 1, 2, 3 a 5 yn brithweithio.

**t26**

**A**

| Siâp | Enw | Nifer yr ochrau | Rheolaidd? | Nifer y llinellau cymesuredd adlewyrchol | Trefn cymesuredd cylchdro |
|---|---|---|---|---|---|
| A | triongl isosgeles | 3 | na | 1 | 1 |
| B | paralelogram | 4 | na | 0 | 2 |
| C | hecsagon | 6 | na | 2 | 2 |
| CH | pentagon | 5 | ydy | 5 | 5 |
| D | petryal | 4 | na | 2 | 2 |
| DD | sgwâr | 4 | ydy | 4 | 4 |
| E | trapesiwm isosgeles | 4 | na | 1 | 1 |
| F | octagon | 8 | ydy | 8 | 8 |
| FF | triongl hafalochrog | 3 | ydy | 3 | 3 |
| G | hecsagon | 6 | ydy | 6 | 6 |

**B** Mae gan siapiau rheolaidd yr un nifer o linellau cymesuredd a'r un drefn cymesuredd cylchdro ag sydd ganddynt o ochrau.

**t27**

**Rhowch gynnig arni!**
(a) Barcud, petryal, sgwâr, rhombws
(b) Trapesiwm
(c) Pedrochr, paralelogram

**t28**

**A2** (a) 270° (b) 180° (c) 90°

**t29**

**C1** Paralelogram

**C2** (a) Sgwâr (b) Petryal
(c) Paralelogram (ch) Paralelogram
(d) Hecsagon (dd) Rhombws
(e) Hecsagon rheolaidd (f) Hecsagon

**Rhowch gynnig arni!**
(a) Cymesuredd cylchdro, trefn 4
4 llinell cymesuredd adlewyrchol
(b) Cymesuredd cylchdro, trefn 2
2 linell cymesuredd adlewyrchol
(c) Cymesuredd cylchdro, trefn 2
0 llinell cymesuredd adlewyrchol
(ch) Cymesuredd cylchdro, trefn 2
0 llinell cymesuredd adlewyrchol
(d) Cymesuredd cylchdro, trefn 2
0 llinell cymesuredd adlewyrchol
(dd) Cymesuredd cylchdro, trefn 2
2 linell cymesuredd adlewyrchol
(e) Cymesuredd cylchdro, trefn 6
6 llinell cymesuredd adlewyrchol
(f) Cymesuredd cylchdro, trefn 2
0 llinell cymesuredd adlewyrchol

**t30**

**A1** (c) Cylchdro 180° o amgylch (0, 0)

**A2** (c) Cylchdro 180° o amgylch (0, 0)

**B** (a) Cywir
(b) Cywir
(c) Anghywir
(ch) Cywir
(d) Cywir
(dd) Anghywir
(e) Cywir
(f) Anghywir
(ff) Cywir
(g) Anghywir
(ng) Cywir
(h) Anghywir

**t31**

**C1** (a) Cylchdro clocwedd neu wrthglocwedd o amgylch (1, 2) drwy 180°.
(b) Cylchdro clocwedd o amgylch (0, 0) drwy 90°.
(c) Y trawsfudiad (⁻2, ⁻9)
(ch) Adlewyrchiad yn y llinell $y = {}^{-}x$
(d) Adlewyrchiad yn y llinell $x = 1$
(dd) Adlewyrchiad yn y llinell $x = 0$
(e) Adlewyrchiad yn y llinell $y = 2$

**C2** (a) Trawsfudiad (0, -9) ac yna adlewyrchiad yn y llinell $x = 0$ (echelin $y$)
(b) Ateb enghreifftiol: adlewyrchiad yn y llinell $y = x$ ac yna trawsfudiad (2, 0)
(c) Cylchdro clocwedd o amgylch (1, ⁻3) drwy 90° ac yna adlewyrchiad yn y llinell $x = {}^{-}2\frac{1}{2}$

**Rhowch gynnig arni!**
CH ar DD
Adlewyrchiad yn y llinell $x = 0$ (echelin $y$)
ac yna'r trawsfudiad (0, 9)

DD ar C
Ateb enghreifftiol: y trawsfudiad (⁻2, 0) yna adlewyrchiad yn y llinell $y = x$

D ar CH
Adlewyrchiad yn y llinell $x = {}^{-}2\frac{1}{2}$ ac yna cylchdro gwrthglocwedd o amgylch (1, ⁻3) drwy 90°

**t32**

**B2**

| | | |
|---|---|---|
| A | 1.5 cm, 1.5 cm, 2.6 cm | 3 cm, 3 cm, 5.2 cm |
| B | 1.8 cm, 2.7 cm, 2.7 cm | 3.6 cm, 5.4 cm, 5.4 cm |
| C | 1.9 cm, 1.2 cm, 2.7 cm | 3.8 cm, 2.4 cm, 5.4 cm |
| CH | 1.3 cm, 3.6 cm, 3.9 cm | 2.6 cm, 7.2 cm, 7.8 cm |

**t33**

**Rhowch gynnig arni!**
Ffactor graddfa 7
6.85 cm, 7.4 cm, 8.7 cm

**t34**

**B1** **(a)** 1.8 cm
**(b)** 3.6 cm Ffactor graddfa 2
**(c)** 7.2 cm Ffactor graddfa 4

**B2** **(a)** 48 mm
**(b)** 1.2 cm
**(c)** 0.75 cm
**(ch)** 36°
**(d)** 101°

**t35**

**Rhowch gynnig arni!**
Mae'r ail a'r trydydd mynegiad yn gywir.

**t36**

**A1** **(a)** 2 m **(b)** 2.7 m **(c)** 70 cm

**A2** **(a)** 1.5 m **(b)** 8 m **(c)** 1 m

**B2** **(a)** 53°
**(b)** 37°

**t37**

**C2** **(a)** 7.48 m$^2$
**(b)** 4.18 m$^2$

**t38**

**A** A (1, $^-4$)
B (5, $^-4$)
Canolbwynt (3, $^-4$)

C ($^-4$, 5)
CH (4, 5)
Canolbwynt (0, 5)

D ($^-6$, 7)
DD ($^-6$, $^-5$)
Canolbwynt ($^-6$, 1)

E (7, 0)
F (7, $^-6$)
Canolbwynt (7, $^-3$)

NG ($^-7$, $^-8$)
H (3, $^-8$)
Canolbwynt ($^-2$, $^-8$)

**B1** **(a)** M (4, 3) **(b)** M (4, 7)
**(c)** M ($^-2$, $^-4$) **(ch)** M ($^-2$, $^-1$)
**(d)** M (3, 0) **(dd)** M (3, 8)
**(e)** M ($^-4$, $^-4$) **(f)** M (3, $^-7$)

**t39**

**C1** (4, 2)
($^-6$, $^-6$)
(0, 4)
(3, $^-4$)
($^-4$, $^-7$)

**Rhowch gynnig arni!**
**(a)** (1, 5) **(b)** ($^-1$, 1)

**t43**

**C1** Arwynebedd A = 5.4 cm$^2$
Arwynebedd B = 13.8 cm$^2$
Arwynebedd C = 9.375 cm$^2$
Arwynebedd CH = 13.05 cm$^2$
Arwynebedd D = 10.5 cm$^2$
Arwynebedd DD = 12.16 cm$^2$

**Rhowch gynnig arni!**
Barcudau

**t46**

**B** 1C, 2CH, 3D, 4D, 5A

**t48**

**A1** **(a)** 600 ml **(b)** 800 ml **(c)** 1 l
**(ch)** 5 l **(d)** 3000 l **(dd)** 10 l

**A2** **(a)** > **(b)** < **(c)** <
**(ch)** < **(d)** < **(dd)** >
**(e)** < **(f)** < **(ff)** >

**B1** **(a)** 1000 kg **(b)** 1000 g
**(c)** 1 000 000 g **(ch)** 3.5 tunnell fetrig
**(d)** 0.75 tunnell fetrig **(dd)** 0.42 tunnell fetrig
**(e)** 50 tunnell fetrig **(f)** 0.004 tunnell fetrig
**(ff)** 0.03 tunnell fetrig **(g)** 0.0005 tunnell fetrig
**(ng)** 0.008 tunnell fetrig **(h)** 0.0007 tunnell fetrig
**(i)** 500 000 g **(j)** 7 tunnell fetrig

**B2** **(a)** tunelli metrig **(b)** tunnelli metrig **(c)** kg **(d)** g

**t49**

**C1** **(a)** 3 ha
**(b)** 6 ha
**(c)** 3 ha
**(ch)** 0.12 ha
**(d)** 3.3 ha
**(dd)** 8 ha

**Rhowch gynnig arni!**
**(a)** 604 800 eiliad
**(b)** 2 592 000 eiliad
**(c)** 31 622 400 eiliad
**(d)** 3 801 600 eiliad

**t50**

**A1** **(a)** 20 milltir **(b)** 35 milltir **(c)** 45 milltir
**(ch)** 4 milltir **(d)** 1 filltir **(dd)** 3 milltir
**(e)** 72 km **(f)** 104 km **(ff)** 240 km
**(g)** 8.8 km **(ng)** 13.6 km **(h)** 24.8 km

**A2** **(a)** 42 peint **(b)** 28 peint **(c)** 49 peint
**(ch)** 3.5 peint **(d)** 32 litr **(dd)** 20 litr
**(e)** 44 litr **(f)** 0.8 litr **(ff)** 2.8 litr

**B1** **(a)** 192 km
**(b)** 9984 km
**(c)** 41.6 km **(d)** 291.2 km

**B2** **(a)** 137.5 milltir **(b)** 7150 milltir

**t51**

**C1** (a) 455 metr (b) 57 cilogram
(c) 100 litr (ch) 1650 llath
(d) 7.7 pwys (dd) 77 peint

**C2** (a) 264 llath (b) 1455 m (c) 82.25 peint
(ch) 21 litr (d) 92.4 pwys (dd) 35.4 kg
(e) 44 litr (f) 1100 llath (ff) 1.54 pwys

**Rhowch gynnig arni!**
17 owns madarch 1 pwys 11 owns tomatos wedi eu torri
8 owns pupur melyn 14 owns spaghetti wedi eu coginio
4 owns basil ffres 3 owns caws parmesan

**t52**

**B1** (a) Cyfeiriant B o A yw 210°
(b) Cyfeiriant Q o P yw 160°
(c) Cyfeiriant S o R yw 070°
(ch) Cyfeiriant U o T yw 240°

**t53**

**C1** (a) 210°
(b) 030°

**C2** (a) 100°
(b) 280°

**C3** (a) 250°
(b) 070°

**C4** (a) 270°
(b) 090°

**Rhowch gynnig arni!**
9.4 milltir
182° 002°

**t54**

**A2** (a) $40\,cm^2$ (b) $135\,cm^2$ (c) $266\,cm^2$
(ch) $192\,cm^2$ (d) $322\,cm^2$

**B** (a) $60\,cm^2$ (b) $162\,cm^2$
(c) $300\,cm^2$ (ch) $156\,cm^2$

**t55**

**C1** $\frac{1}{2}(a + b) \times u$

**C2** (a) $228\,cm^2$ (b) $153\,cm^2$ (c) $165\,cm^2$
(ch) $448\,cm^2$ (d) $189\,cm^2$ (dd) $137.5\,cm^2$

**C3** (a) $54\,cm^2$ (b) $104\,cm^2$ (c) $192\,cm^2$

**t56**

**A1** (a) $12\,cm^3$ (b) $24\,cm^3$ (c) $32\,cm^3$ (ch) $60\,cm^3$

**A2** (a) $192\,cm^3$
(b) $210\,cm^3$
(c) $196.812\,cm^3$
(ch) $112.64\,cm^3$
(d) $252.96\,cm^3$
(dd) $406.368\,cm^3$
(e) $99.416\,cm^3$
(f) $112.518\,cm^3$

**B** (a) $312\,cm^3$ (b) $190\,cm^3$ (c) $54\,cm^3$

**t57**

**C1** $72\,cm^3$

**C2** (a) Ni fyddant yn ei lenwi ($80\,cm^3$)
(b) Gorlifo ($60\,cm^3$)
(c) Ei lenwi'n union ($72\,cm^3$)
(ch) Ni fyddant yn ei lenwi ($140\,cm^3$)
(d) Ei lenwi'n union ($72\,cm^3$)
(dd) Ni fyddant yn ei lenwi ($150\,cm^3$)
(e) Ei lenwi'n union ($72\,cm^3$)
(e) Ni fyddant yn ei lenwi ($80\,cm^3$)

**C3** (a) 36 (b) 32 (c) 30

**t58**

**A**

| Bocs | Dimensiynau | | | Cyfaint | Arwynebedd arwyneb |
|---|---|---|---|---|---|
| | *h* | *l* | *u* | *C = hlu* | *A = 2lh + 2hu + 2ul* |
| A | 4 cm | 3 cm | 9 cm | $108\,cm^3$ | $150\,cm^2$ |
| B | 4 cm | 5 cm | 7 cm | $140\,cm^3$ | $166\,cm^2$ |
| C | 3 cm | 2 cm | 11 cm | $66\,cm^3$ | $122\,cm^2$ |
| CH | 5 cm | 5 cm | 9 cm | $225\,cm^3$ | $230\,cm^2$ |
| D | 3 cm | 4 cm | 8 cm | $96\,cm^3$ | $136\,cm^2$ |
| DD | 6 cm | 5 cm | 7 cm | $210\,cm^3$ | $214\,cm^2$ |

**B**

| Bocs | Dimensiynau | | | Cyfaint | Arwynebedd arwyneb |
|---|---|---|---|---|---|
| | *h* | *l* | *u* | *C = hlu* | *A = 2lh + 2hu + 2ul* |
| A | 4 cm | 3 cm | 18 cm | $216\,cm^3$ | $276\,cm^2$ |
| B | 4 cm | 5 cm | 14 cm | $280\,cm^3$ | $292\,cm^2$ |
| C | 3 cm | 2 cm | 22 cm | $132\,cm^3$ | $232\,cm^2$ |
| CH | 5 cm | 5 cm | 18 cm | $450\,cm^3$ | $850\,cm^2$ |
| D | 3 cm | 4 cm | 16 cm | $192\,cm^3$ | $248\,cm^2$ |
| DD | 6 cm | 5 cm | 14 cm | $420\,cm^3$ | $368\,cm^2$ |

**t59**

**C2** (a) 4 cm (b) 6 cm (c) 1.5 cm
(ch) 4 cm (d) 3 cm (dd) 5.1 cm

**Rhowch gynnig arni!**
13 cm, 19 cm, 25 cm